KANAKURI《カナクリ》

日本初の五輪選手 金栗四三物語

原　作 長谷川孝道
『走れ二十五万キロ「マラソンの父」
金栗四三伝　復刻版』
構　成 橋本博
マンガ 岩田紘典・KSプロ
企　画 NPOクママン
（熊本マンガミュージアムプロジェクト）

熊本日日新聞社

刊行に寄せて

熊本が生んだマラソンの父、故金栗四三さんを描いた漫画「ＫＡＮＡＫＵＲＩ（カナクリ）」は、熊日にとってチャレンジでした。新聞に毎日掲載される4コマ漫画ではなく、紙面全体を使った、オリジナルの連載漫画に取り組むのは初めてだったからです。

金栗さんに関しては、熊日ＯＢ長谷川孝道さんの『走れ二十五万キロ「マラソンの父」金栗四三伝　復刻版』という名著があり、原作としては申し分ありません。問題は経験したことがない漫画の制作でした。

地方紙の熊日が取り組む作品なのだから、描き手もぜひ地元の人材でやりたい。その思いを合志マンガミュージアム館長の橋本博さん、崇城大芸術学部マンガ表現コース非常勤講師の岩田紘典さんがしっかりと受け止めてくださったことで、企画実現がかないました。岩田さん自身も連載漫画は初めて。崇城大の学生チームのサポートが何よりの味方になりました。

出来上がった金栗さんのキャラクターは、親しみやすさという点で予想を超えたものでした。従来のイメージを打ち破って超えていけたのは、やはり漫画の持つ力だと改めて思いました。

親しみやすいキャラクターをきっかけに、金栗さんという人物のさらなる周知、理解につながることを期待します。

大河ドラマ「いだてん」は金栗さんが主人公。この本がドラマとも相まって、金栗さんの地元玉名市、和水町、南関町をはじめとする熊本の元気づくりの起爆剤になることを願ってやみません。

２０１８年12月

熊本日日新聞社編集局長　**荒木正博**

KANAKURI《カナクリ》
日本初の五輪選手　金栗四三物語

※この漫画は史実を基にしたフィクションです

目次

金栗新聞

号外

KANAKURI

第00001号

金《かな》栗《くり》四《し》三《そう》

熊本出身。
日本初のオリンピック選手。

箱根駅伝の生みの親！
日本マラソン界の父！

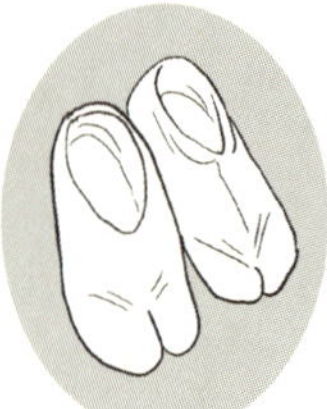

愛用の足袋

少年時代

嘉《か》納《のう》治《じ》五《ご》郎《ろう》

黎《れい》明《めい》の鐘となれ！

兵庫県出身。
講道館《こうどうかん》柔道の創始者にして
日本体育の父。

立《たち》花《ばな》ひとみ

僕が1等だ！

金栗が少年時代に出会う、
謎めいた天才少女。

金栗ファミリー
父
ズ〜
ビシィッ
妹たち
長兄 実次《さねつぐ》
祖母
母
吉《よし》地《じ》組
いだてん通学のメンバー
また俺の天下だーー！
は？
スヤ
ほんわかした雰囲気だが、ちっとも甘くない！これが肥後の強気女子！
ご理解いただけます？
伊《だ》達《て》喜《き》代《よ》道《みち》
東京の夜の街をうろつく伊達男。しかし秘めたる才能が・・・
金栗・・・恥が服着て歩いてやがる
ほかにも手ごわいライバルたちが続々登場！
108
金栗四三の大激走マラソン人生が始まる――‼

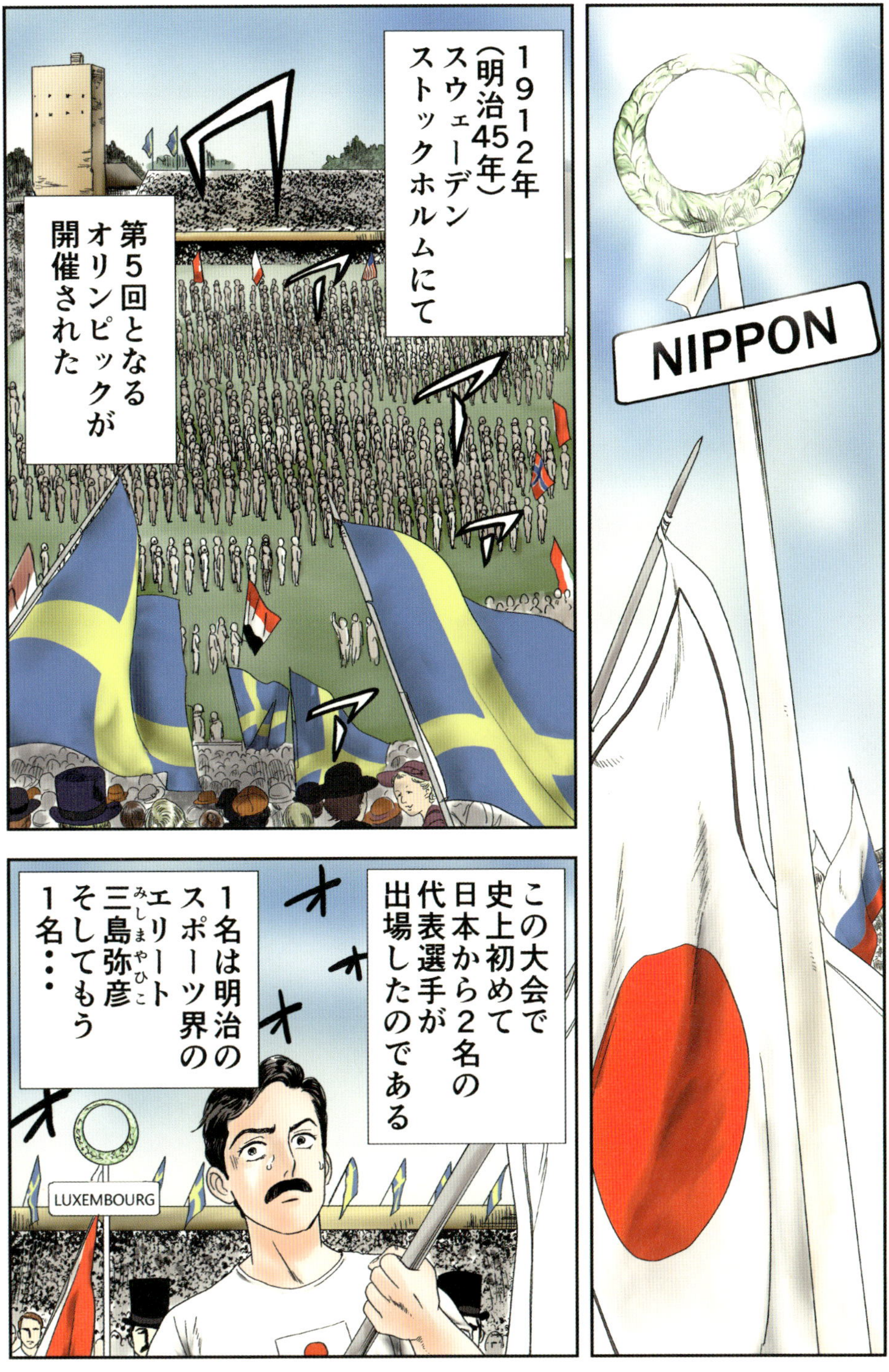
NIPPON
1912年
(明治45年)
スウェーデン
ストックホルムにて
第5回となる
オリンピックが
開催された
この大会で
史上初めて
日本から2名の
代表選手が
出場したのである
1名は明治の
スポーツ界の
エリート
三島弥彦《みしまやひこ》
そしてもう
1名・・・
LUXEMBOURG

NIPPON
第1章 「ストックホルム」編
その男の名は
シソウ・カナクリ！

と・・・とんでもない大会だな金栗君
ワァァァ
これがオリンピックというものか
ブンチャカチャカ
ヨーロッパ アジア アフリカ オセアニア それに アメリカ
世界の5大陸から最高の選手が集まって世界一を決めるのだよ
世界一・・・!
考えてもみたまえ 我々日本はついこの間文明開化したばかりだというに・・・
マゲを落としてな
はっはっは 2人ともよく見ておきなさい

世界では今やスポーツとは立派な文化なのだよ
嘉納先生！
日本選手団団長
嘉納治五郎《かのうじごろう》＊
いつか我が日本でもオリンピックが開かれる時が来る……
そんなことが想像できるかね？
いやあ無理でしょうな
少なくとも我々が生きてるうちは…
やりましょう！
僕らがこのオリンピックで大活躍すればいいんです
日本人として世界をあっと言わせてやりましょうよ

地下足袋《じかたび》をはき
他国の選手たちに
比べると
ひときわ小柄で
色の黒い選手
しかし心は
21歳の学生らしく
情熱で燃えている
この青年こそ
後に
「マラソンの父」
とも呼ばれる
金栗四三《かなくりしそう》
その人である
やれやれ
のん気な
男だな
みんな
同じ人間
じゃないか
日本人だって
努力をすれば
世界のどんな
相手にも
勝つことが
できるはずだ

俺はやるぞ！
誰よりも速く・・・
このオリンピックを走りぬいてみせる
フッ・・・日本人か
俺たちの走りについてこられるか？
On your mark！
（位置について）
さあ・・・戦いは始まった！
53
212
173
82
613

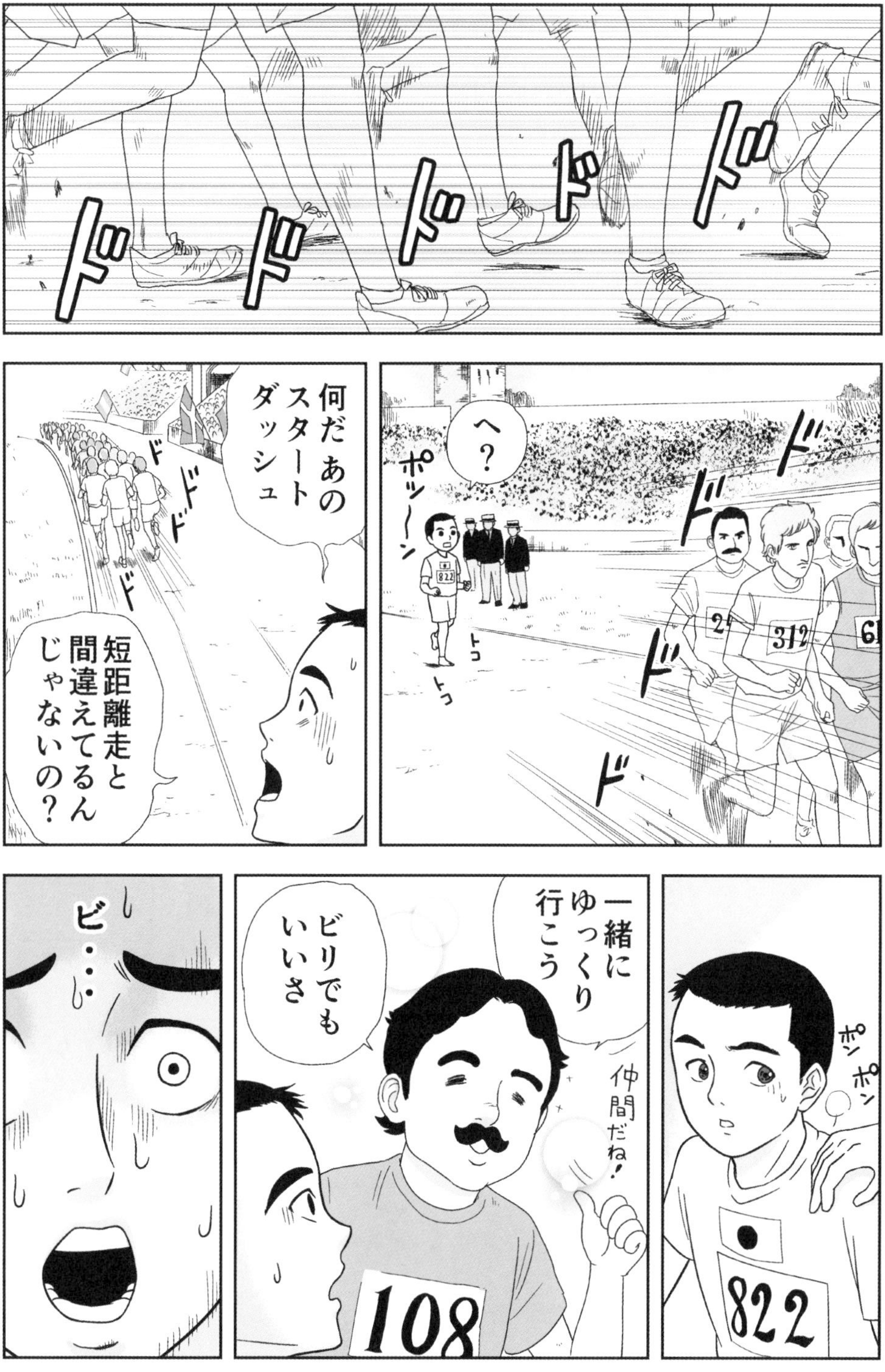
ドドドドド
ポッ～ン
へ？
ドドドド
トコトコ
何だあのスタートダッシュ
ドドドド
短距離走と間違えてるんじゃないの？
ポンポン
一緒にゆっくり行こう
ビリでもいいさ
仲間だね！
822
108
ビ・・・

ビリだって〜〜〜〜っ!?
とっ とっ
ドドドド
い・・・いかん!
早く追いつかんば
ガッ
あっ
ガッ
わははは
クスクス
ドッ
なんだいあの小さな坊やは
ハハ
本当に代表選手かい?
クスクス
見たこともないおかしなシューズはいてるよ
ホホ・・・

カ
これがオリンピック……
これが世界…！
ワァァァァ
嘉納先生まずいですぞ
金栗のやつ完全に取り乱してる
動きもガタガタだ
ひ〜
ヨタ
ヨタ
とっ とっ とっ
落ち着け金栗君…
これまでの修練を無駄にしてはならんぞ
嘉納先生……！

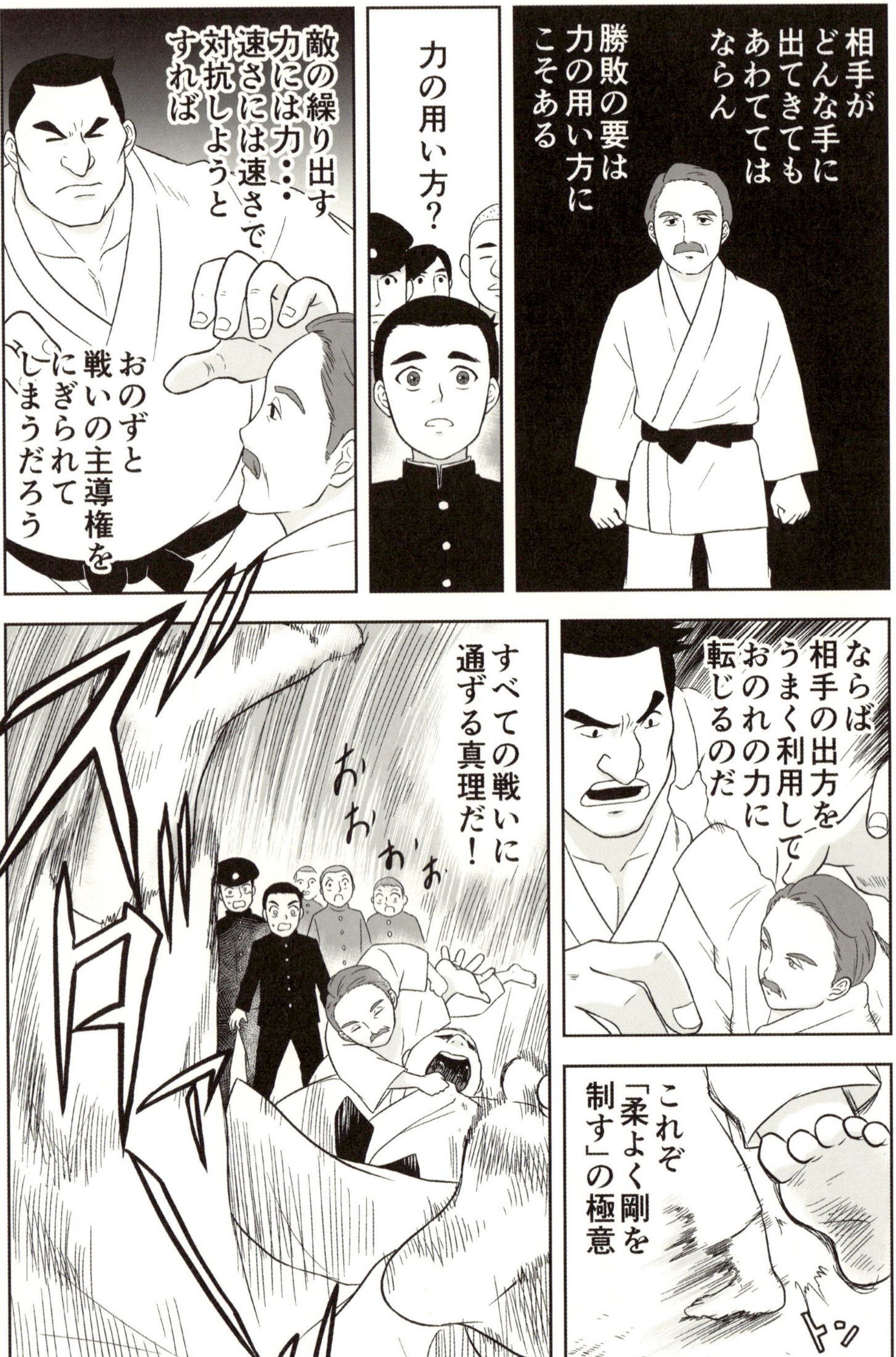
相手がどんな手に出てきてもあわててはならん
勝敗の要は力の用い方にこそある
力の用い方？
敵の繰り出す力には力…速さには速さで対抗しようとすれば
おのずと戦いの主導権をにぎられてしまうだろう
ならば相手の出方をうまく利用しておのれの力に転じるのだ
すべての戦いに通ずる真理だ！
おおおお
これぞ「柔よく剛を制す」の極意
トン

金栗君・・・君にはいまだ敗北を知らぬ強靭な脚があるではないか
その力を最大限に発揮する術《すべ》を見つけるのだ!
そうだ・・・・・・・!
このストックホルムのコースは折り返し地点の丘の教会まで起伏の激しい上り坂が続く
だからみんな平坦な道をなるべく速く走っておこうって考えに違いない
逆に・・・
俺の勝機は上り坂にこそある!

俺には玉名での山道通学で鍛えた脚がある
スピードで争うのではなく一定のペースで行けば相手は難所で背後から迫られて自然・・無理をすることになる
相手のペースを乱せたらマラソンは勝負ありだ!
スッ
スッ
ハッ
ハッ
ワアアア
今に見てろよ!
108
822
とっ
とっ
とっ

僕マリオっていうんだ一応これでもイタリア代表
ヨロシク!
俺はシソウ・・・日本人だよ
日本・・・!ジパング?あの黄金の国ジパング?
すごい・・!
悪いがマリオ君君とのんびりしゃべってるヒマはないんだ
108
822
俺は・・・オリンピックで日の丸を掲げるために来たんだから
HAHAHA!
それは無理だよ
だってこの大会には世界の英雄たちが集まっているんだからね

中でも
優勝候補筆頭は
南アフリカ代表の
〝キング〟・アーサー
316
今までの人生で
一度もレースに
負けたことが
ない超人だ
アメリカ
期待の星
ファンビーノも
いる
国家の
威信をかけて
育てられた
天才ランナーさ
174
甘いマスクも
有名！
キャーーッ
ファンビーノ
様〜〜〜〜ッ！
こっち
向いてぇ
キャーーー
ファンビーノ
様〜〜
キング・
アーサーー！
相変わらず
女性人気は
ピカイチだな
ファンビーノ
フッ
キャ〜
174

僕なんて彼らと同じレースを走れるだけで幸せというものだよ
神《カミ》ってる人たちとね
ゴゴゴ…
マリオ君先に行くよ
ダッ
おかげでよけいに燃えてきた
そんなすごい奴らがいるならね
……変なヤツ
頑張れよー えっと…スシ君！
スシ!?
世界の英雄が……この先に！
うわっ

上り坂が地平線の果てまで続いてる！
これはきつい・・・全然景色変わらんし
それにしても
カッ
ジリ
ジリ
何？この暑さ・・・
この日のストックホルムの気温は日陰でも30度を超す猛暑だったという
マラソン選手の半数近くが途中棄権し
死者まで出たほどの過酷さだった
822

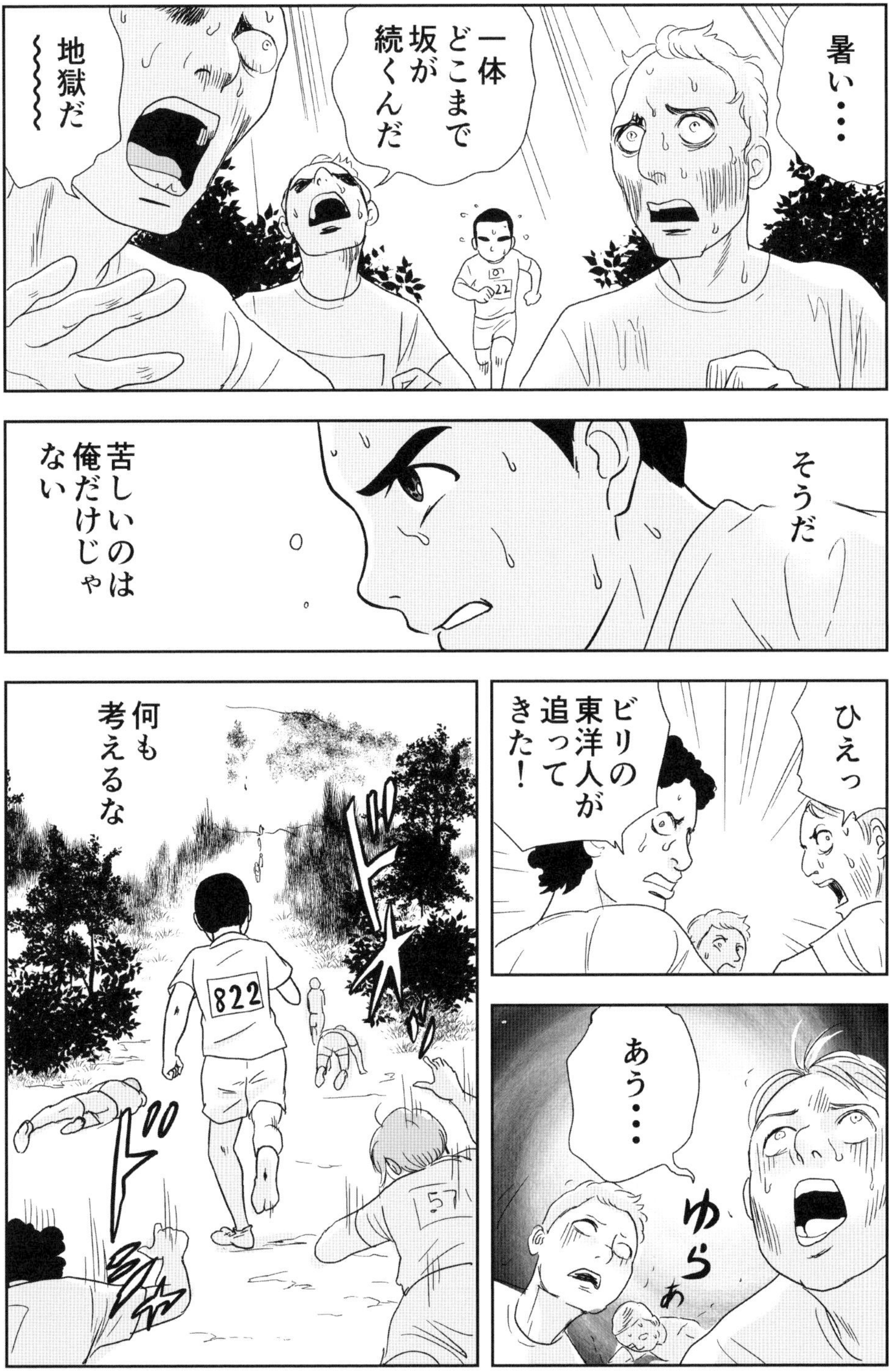

暑い・・・
一体どこまで坂が続くんだ
地獄だ〜〜〜
そうだ
苦しいのは俺だけじゃない
ひえっ
ビリの東洋人が追ってきた！
あう・・・
ゆらぁ
何も考えるな
822

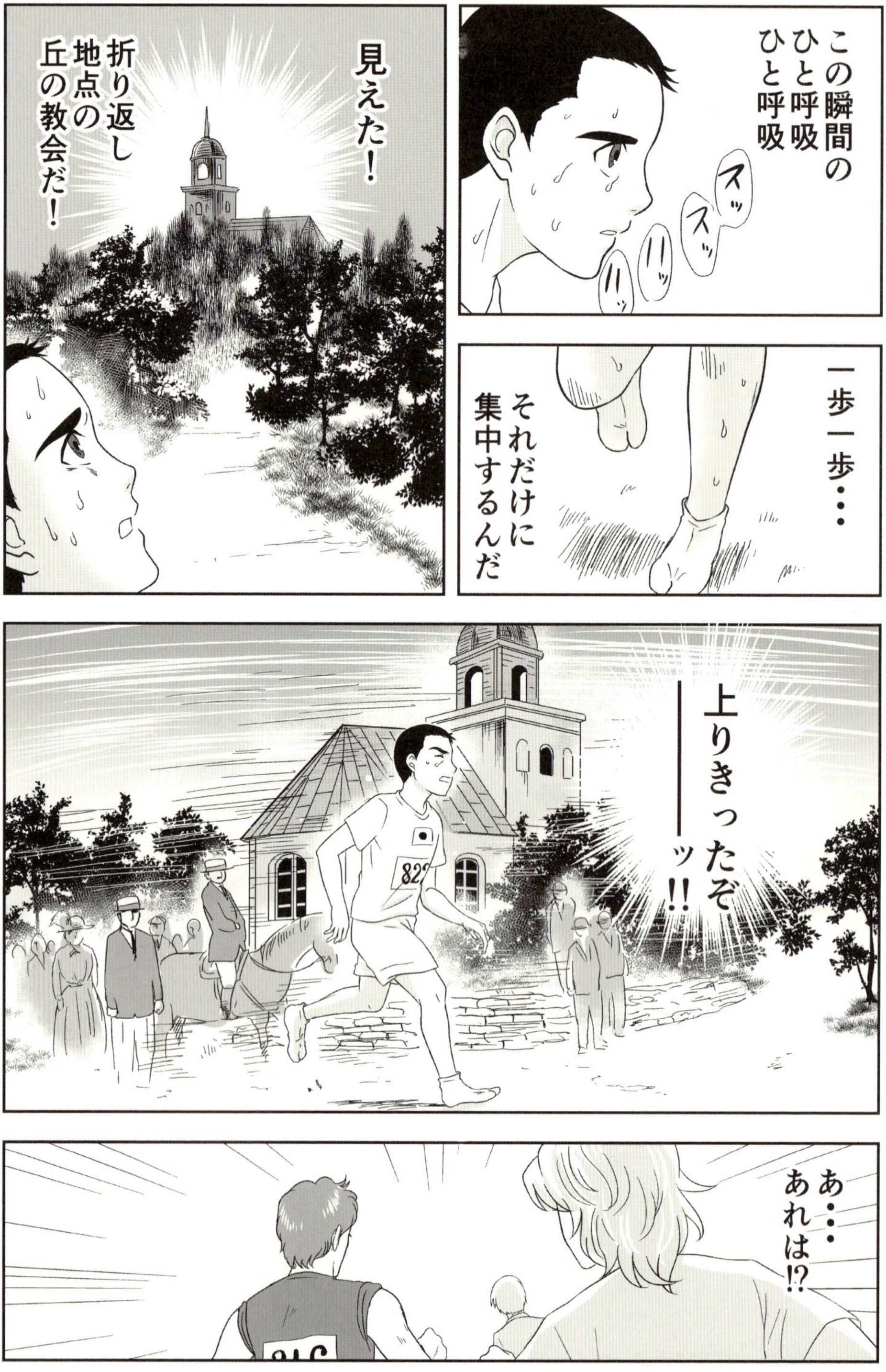

この瞬間のひと呼吸ひと呼吸
スッ
スッ
ハッ
ハッ
一歩一歩・・・
それだけに集中するんだ
見えた！
折り返し地点の丘の教会だ！
上りきったぞ――ッ!!
あ・・・あれは!?

キング・アーサーとファンビーノ
先頭集団か!?
ム
バカな
変なシューズのやろうが追ってきたぜ
バサァ
オオオオ
当時 場外の順位は逐一国旗の掲げ方で観衆に伝えられていた
おい見ろよ! 日本人がまた一人抜いたようだぞ
キング・アーサーとファンビーノに迫ってる!
ザワ
ザワ
ザワ
いいぞ金栗
……

いや・・・いかん!
嘉納先生?
出発より1時間半
まだ折り返して下り坂に入った頃だ
ペースが速すぎる!
金栗君・・・彼らを追ってはならん!
目の前にいるのは世界最高のマラソンランナーたちなのだ!
174
316
251
193
ハァ
ハァ
ゼェ
ハァ
ゼェ

勝てる!!
ニヤッ
金栗君が彼らの背中に目を奪われ追いすがれば
それはもはや闘牛士に操られる猛牛も同然だ
敵はわざとつかず離れず彼を誘導し
残った体力をすり減らそうとしてくるだろう
ビキッ
ビキッ
ビキッ
ぐわっ!

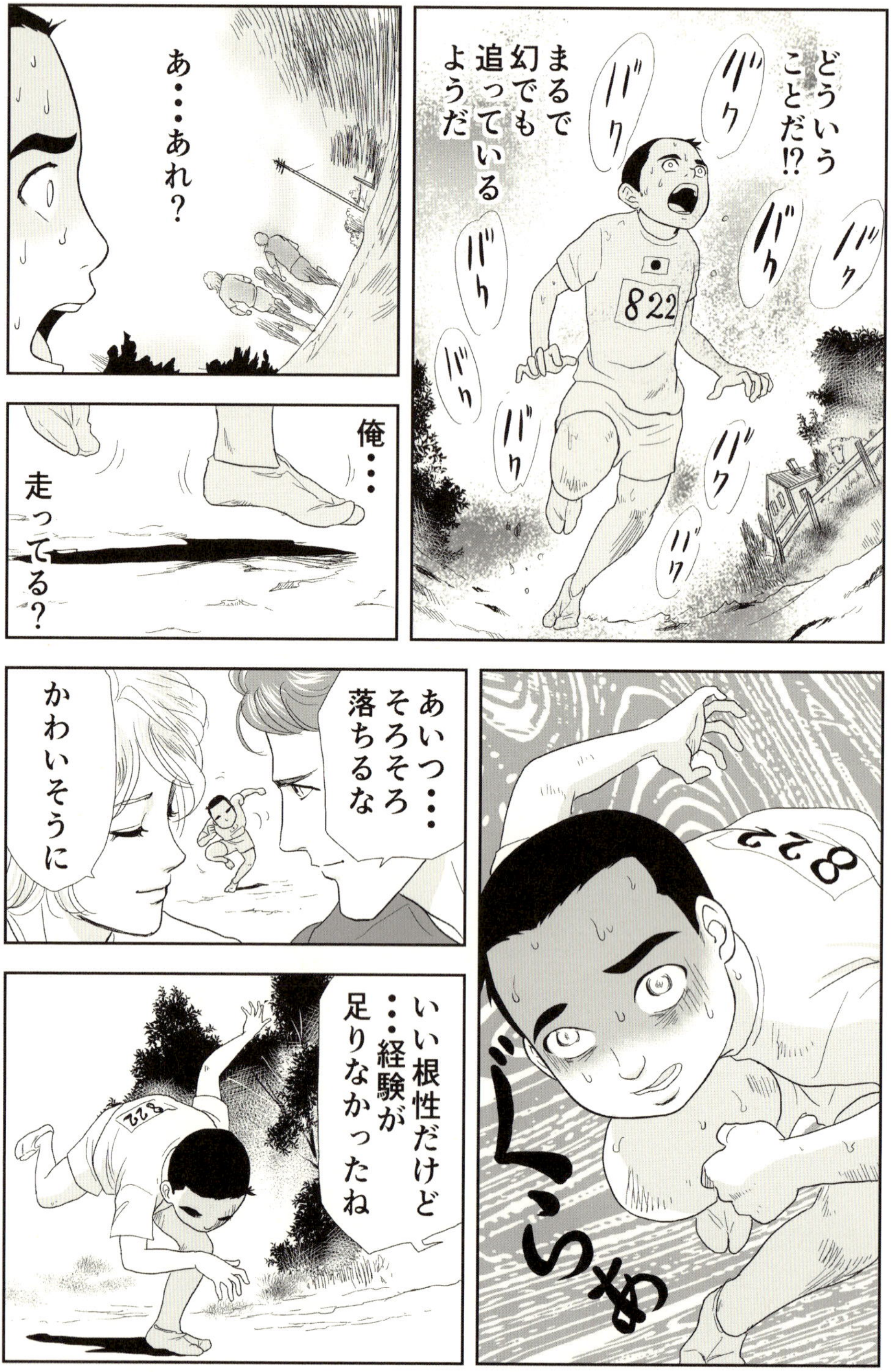
どういうことだ⁉
バク
バク
バク
バク
バク
バク
バク
バク
まるで幻でも追っているようだ
あ・・・あれ？
俺・・・
走ってる？
ぐらぁ
あいつ・・・そろそろ落ちるな
かわいそうに
いい根性だけど・・・経験が足りなかったね

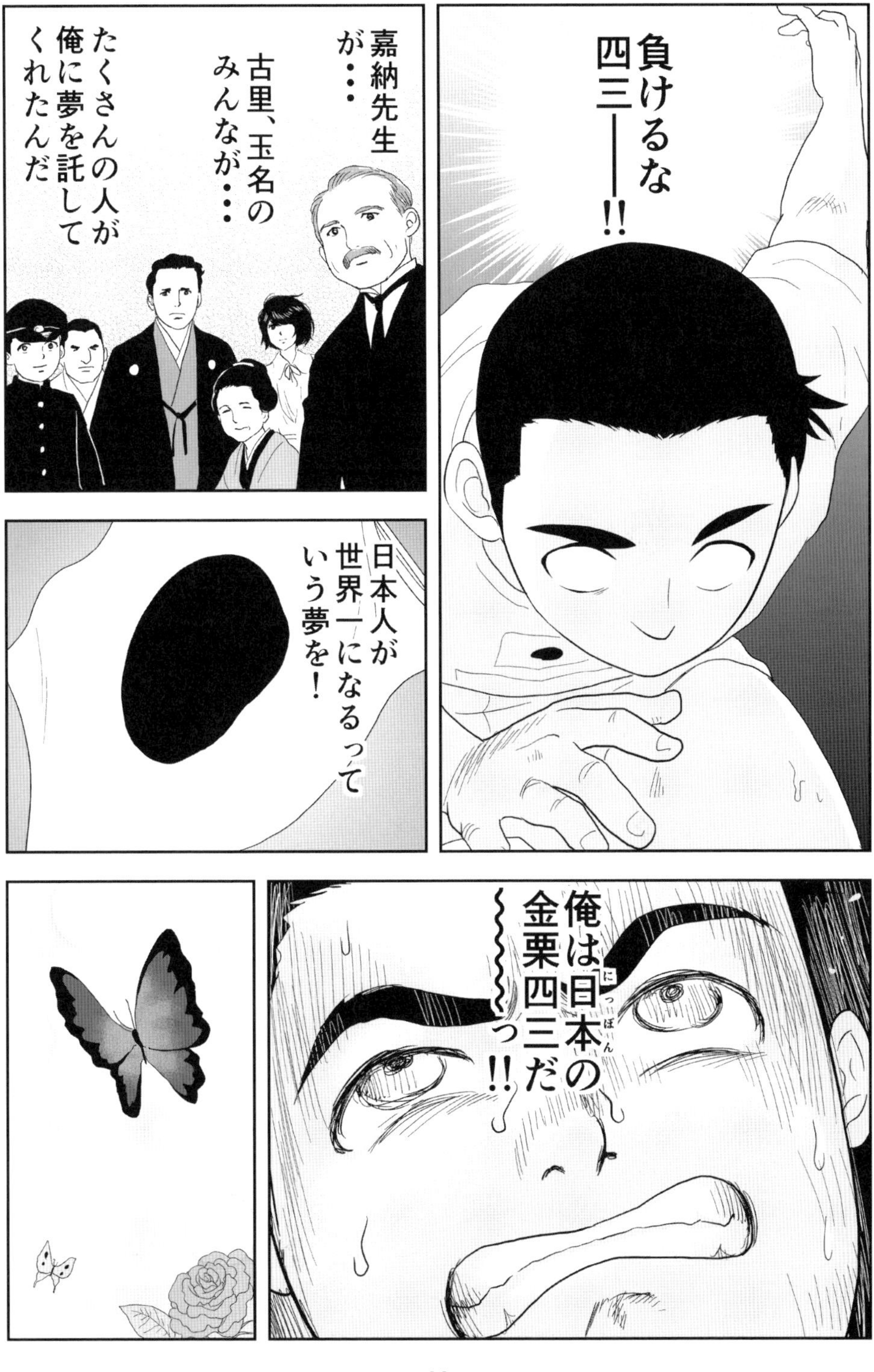
負けるな四三――――!!
嘉納先生が・・・
古里、玉名のみんなが・・・
たくさんの人が俺に夢を託してくれたんだ
日本人が世界一になるっていう夢を!
俺は日本《にっぽん》の金栗四三だ〜〜〜〜っ!!

!?
ウフフフ
え・・・
何これ?
ここどこ?
俺・・・何ば
しよっと?
ウフフ・・

これは夢だ
俺は今もレースを走っていて
暑さと疲労でおかしな夢を見ているんだ
目を覚ませ！
ウフフフ…
ダメだ
夢から出られん！
822
金栗君ッ!!

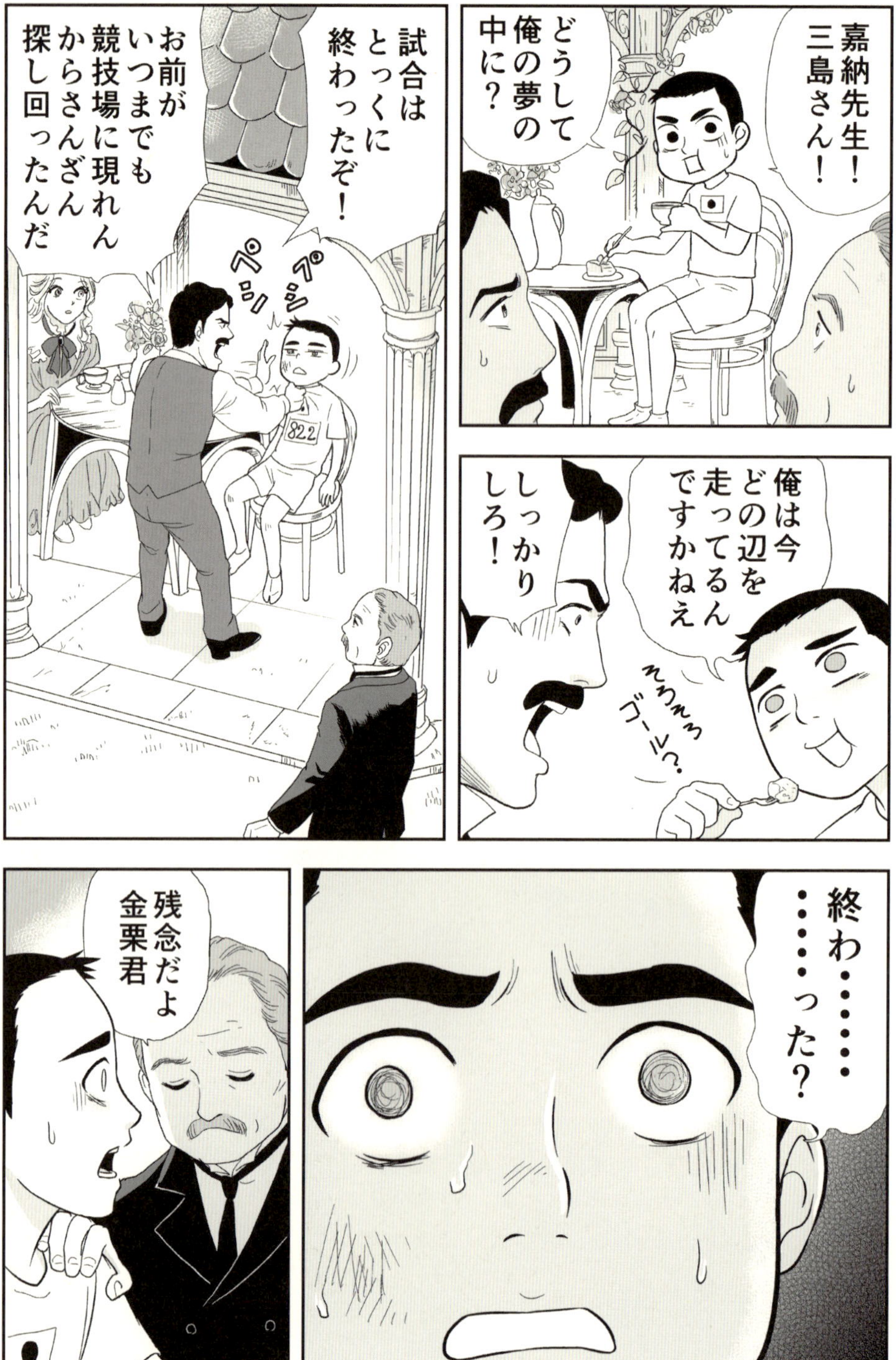
嘉納先生！三島さん！
どうして俺の夢の中に？
試合はとっくに終わったぞ！
お前がいつまでも競技場に現れんからさんざん探し回ったんだ
ペシッ
ペシッ
822
俺は今どの辺を走ってるんですかねえ
しっかりしろ！
そろそろゴール？
終わ……
……った？
残念だよ金栗君

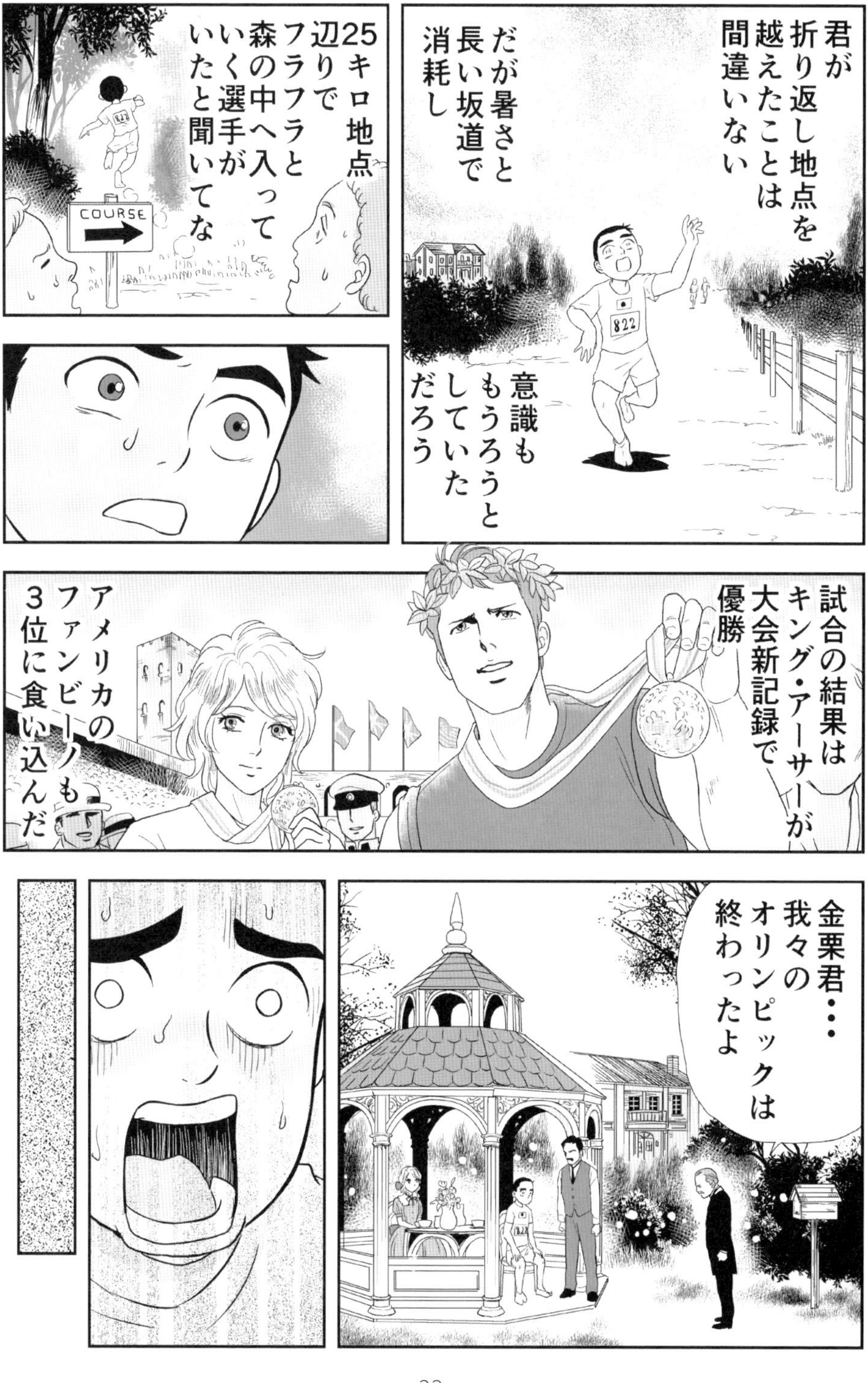
君が折り返し地点を越えたことは間違いない
だが暑さと長い坂道で消耗し
意識ももうろうとしていただろう
25キロ地点辺りでフラフラと森の中へ入っていく選手がいたと聞いてな
COURSE
試合の結果はキング・アーサーが大会新記録で優勝
アメリカのファンビーノも3位に食い込んだ
金栗君・・・
我々のオリンピックは終わったよ

何たる意気地なしかっ!!
金栗 貴様 それでも日本人か!
大和魂《やまと》はどこへ捨てた!?
か、金栗君 私は・・・
ゴホッ
ゼェ ゼェ
日本代表監督
大森兵蔵《おおもりひょうぞう》
もうだいぶ体も悪いのに・・・・・・
金栗君は必ず来るって無理をして最後まで競技場に・・・
ゼー ゼー
あなた!
ゴホ ゲホ ゴホッ

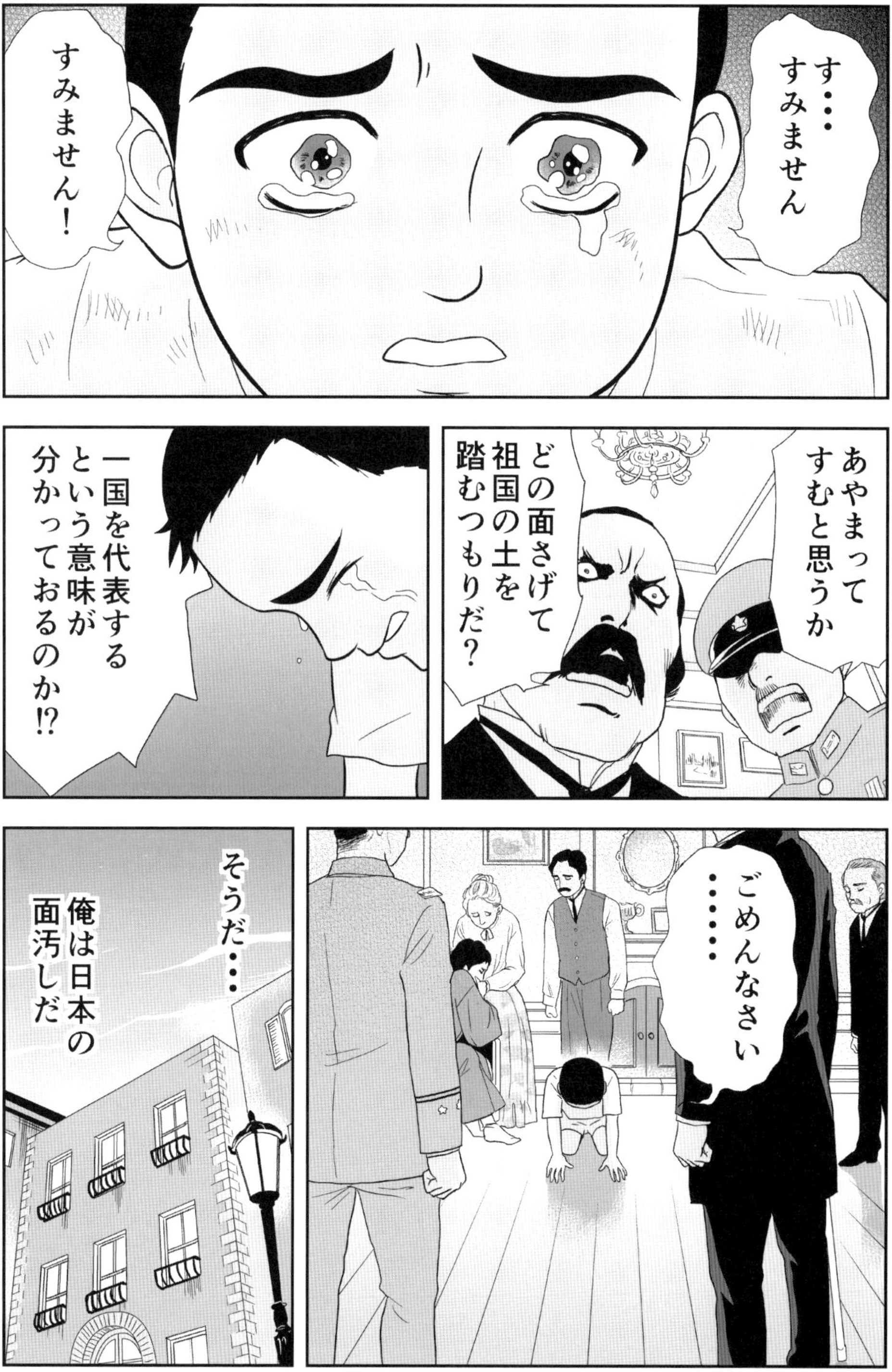
す・・・
すみません
すみません！
あやまってすむと思うか
どの面さげて祖国の土を踏むつもりだ？
一国を代表するという意味が分かっておるのか⁉
ごめんなさい
・・・・・・
そうだ・・・
俺は日本の面汚しだ

このまま帰れるわけない・・・
バタム

7月の
ストックホルムは
夜も薄明るい
“白夜”だ
暗闇のない
夜・・・
逃げ隠れする
場所もない
Bar
NUITBLANCHE
酒をくれ
一番強い
やつだ
記憶が
ふっとぶ
くらいのな
ちょこん

ドンー
ガキはミルクでも飲んで帰りな
ママを泣かすなよ坊主
なでなで
馬鹿にすんなァ!
俺はこれでも明治24年8月20日生まれの20歳だぞ!
ウソつけ悪ガキが!
ぴゃしっ
くそが!
俺は客だぞ
くそが・・・

聞いたかい？
今日の
マラソンの話
日本人が一人
行方知れず
なんだって
森の中に
迷いこんで
そのまま消えた
らしいぞ
なんだよ
それ～
そいつぁ
命が惜しくて
出てこられ
ないんだろ
なんでも
日本って
とこじゃ
戦いに負けた
者は死んで
償うって
言うからな
〝ハラキリ〟とか
なんとか・・・
ドキ

なんでこんなところ来ちまったんだろう
オリンピックなんて・・・
わざわざこんなめにあうために
822
わざわざ苦しい思いをして・・・
日本の寶
ばんざーい
ばんざーい
日本一
金栗四三君
頑張れ
わざわざ余計なものを背負って・・・
もう・・・
走るのやめよう
走らなければ傷つくこともないんだ
四三・・・

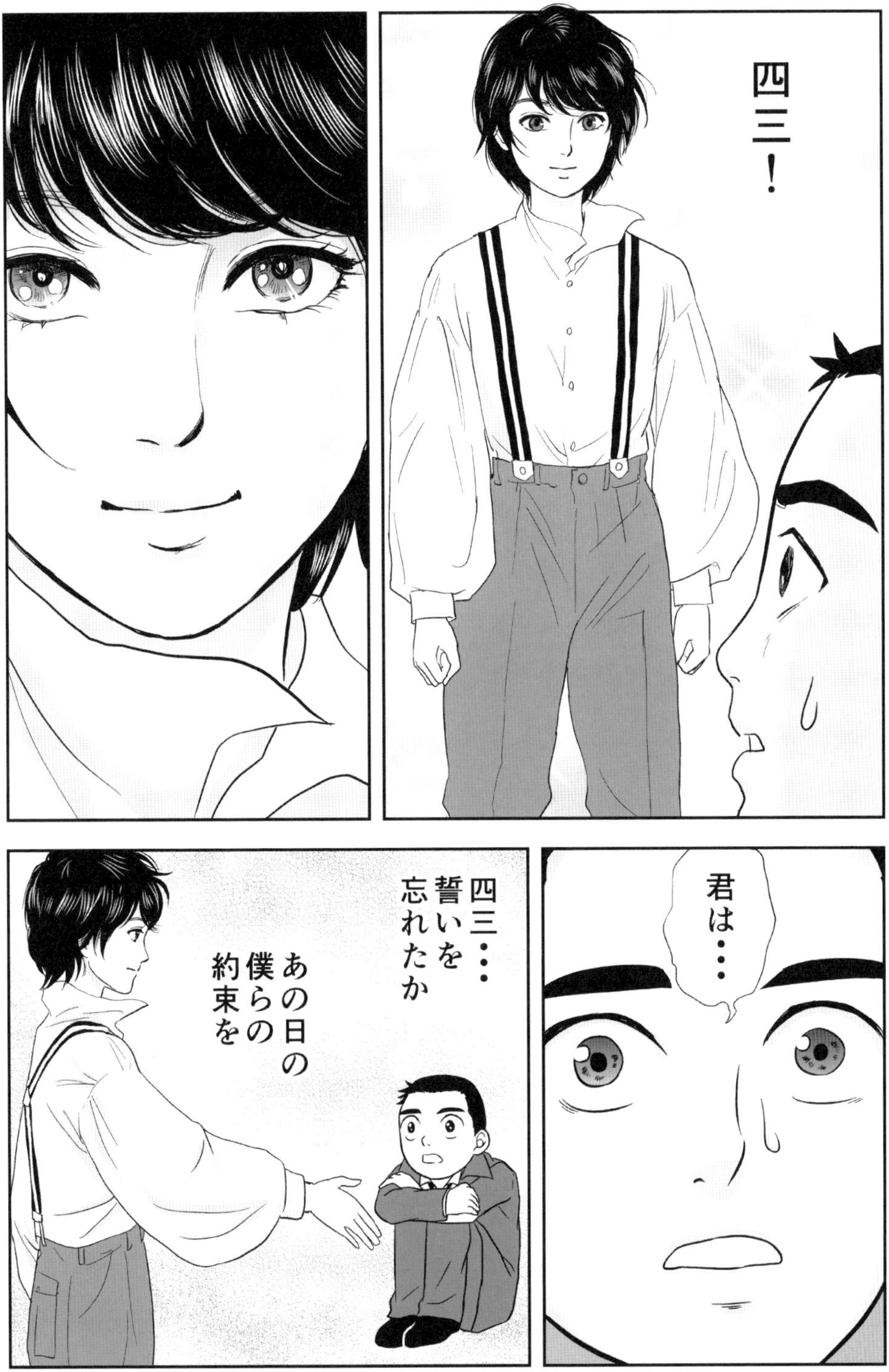
四三！
君は・・・
四三・・・
誓いを
忘れたか
あの日の
僕らの
約束を

そうだ・・・
忘れられる
もんか
俺は・・・
俺はあいつと
約束したんだ！

第2章 「玉《たま》名《な》 いだてん通学」編

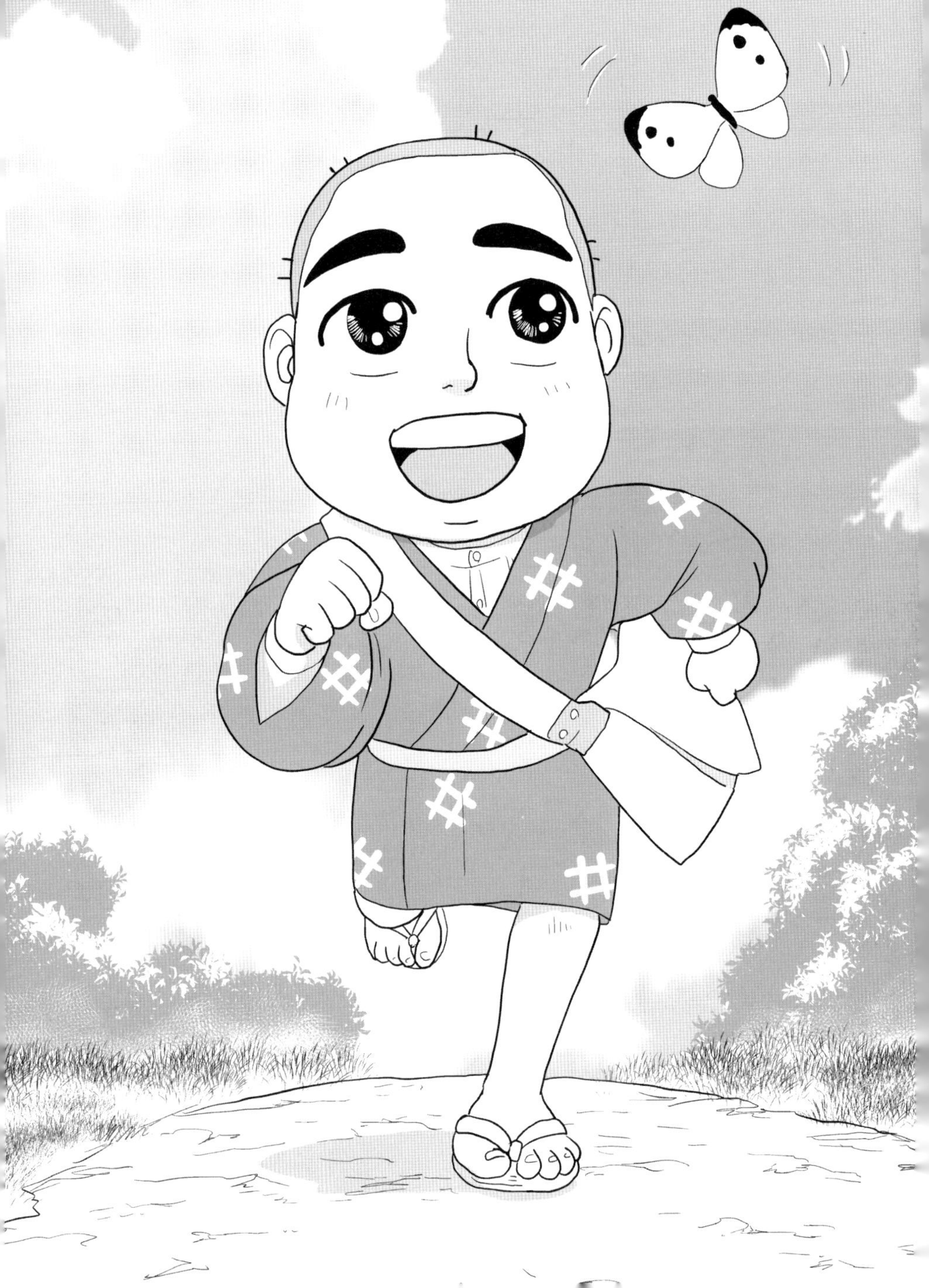

玉名という地名の由来は古い。
古代では「玉杵名《たまきな》」と呼ばれていて、「たまいな」と変化し、
「たまな」になったのだという。
「魂来名《たまきな》」、つまり「魂が来る所」という意味もある。
この地は実に不思議な生命力に満ちた土地である。

ストックホルムからさかのぼること8年前の1904年（明治37年）秋
熊本県の北の端に位置する玉名《たまな》郡春富《はるどみ》村（現 和水町《なごみまち》）
四三《しそう》・・・起きろ！
四三
四三！
いつまで寝とるんだねぼすけ！
う〜んムニャムニャ
すや
ばあちゃんぼたもちもう1個ちょうだい
学校に遅れるぞ！
金栗家 長兄
実次《さねつぐ》

ぴゃあっ
は…はいぃ
実次兄ちゃん
はよ飯食え!
金栗四三
13歳
勉強の方は進んどるか
四三
クドクド
お前は中学へ進んで勉学に励み将来は立派に出世せにゃならんぞ
我が金栗家はもう昔のような豊かな造り酒屋ではない
これ以上家にごくつぶしを置いておく余裕はないのだからな!
ほい
…
四三
学校行く前にお父さんにお膳ば持っていき
胃の薬も忘れんごつね
うん
母ちゃん

ハァ・・・
聞いてよ
父ちゃん
ズ～
僕に
出世なんて
無理だよ
実次
兄ちゃんは
厳しすぎる
僕・・・本当は
中学なんか
行きたく
ないんだ
ズズ～
うちで
畑仕事でもして
・・・何事もなく
暮らして
いけたらなあ
こうして
父ちゃんの
世話するの
楽しいし
ずっと
このままが
いいよね
ま・・・どうせ
受験受かるわけ
ないけど
・・・・・・
病弱の父は
金栗にとって唯一
本音を話せる
相手だった

吉地《よしじ》組のみんな集まったな
学校へ出発するぞ
はーい組長
彼らの通う玉名北高等小学校までの道のりは片道６キロ
山あり谷ありの難所を越えての集団登校だ
金栗の吉地組は朝早く集まってその道のりを走って通学する決まりだった
遅いぞ四三！
あひ…あひ
自分たちで"いだてん"通学なんて呼んでいた
待ってよォ〜
ちんたら
ちんたら
四三はいつもビリっけつだなあ
そろそろだ！
いいかお前ら…油断するな
ゴクッ
タッ
タッ
タッ

タッ
タッ
タッ
タッ
奴が来る！
で・・・出た！
走れーーッ!!
抜かれんな！
今日こそは負けんぞ！
ダ
ダ
ダ
ダ
我らいだてんの名にかけ・・・
・・・て

ダメだ――!!
なんちゅう速さだ!?
クルッ
何度やっても無駄だよ
ゼェ
ハァ
ハァー
ビシッ
僕が1等だ!!

あいつはある日突然風のように現れた！
数週間前
え～転入生を紹介する
玉名北高等小学校
東京から来た立花君だ
父君の都合で郷里の玉名に帰ってきたそうで・・・
え・・・!?まさか・・・

立花ひとみです
よろしく・・・
立《たち》花《ばな》一《ひと》実《み》
お・・・
女の子ォ
〜〜〜ッ!?
かっこいい
東京から来た
この不思議な
転校生は
またたく間に
学校の注目の
的になった
ゲーテ
読んでる
勉強の成績は
いきなりの
1位
試験結果
百点 立花一実
九十四点本田亮介
九十一点……
抜かれた〜っ
運動だって
男子の誰にも
負けない
カキーッ!
打たれた〜っ

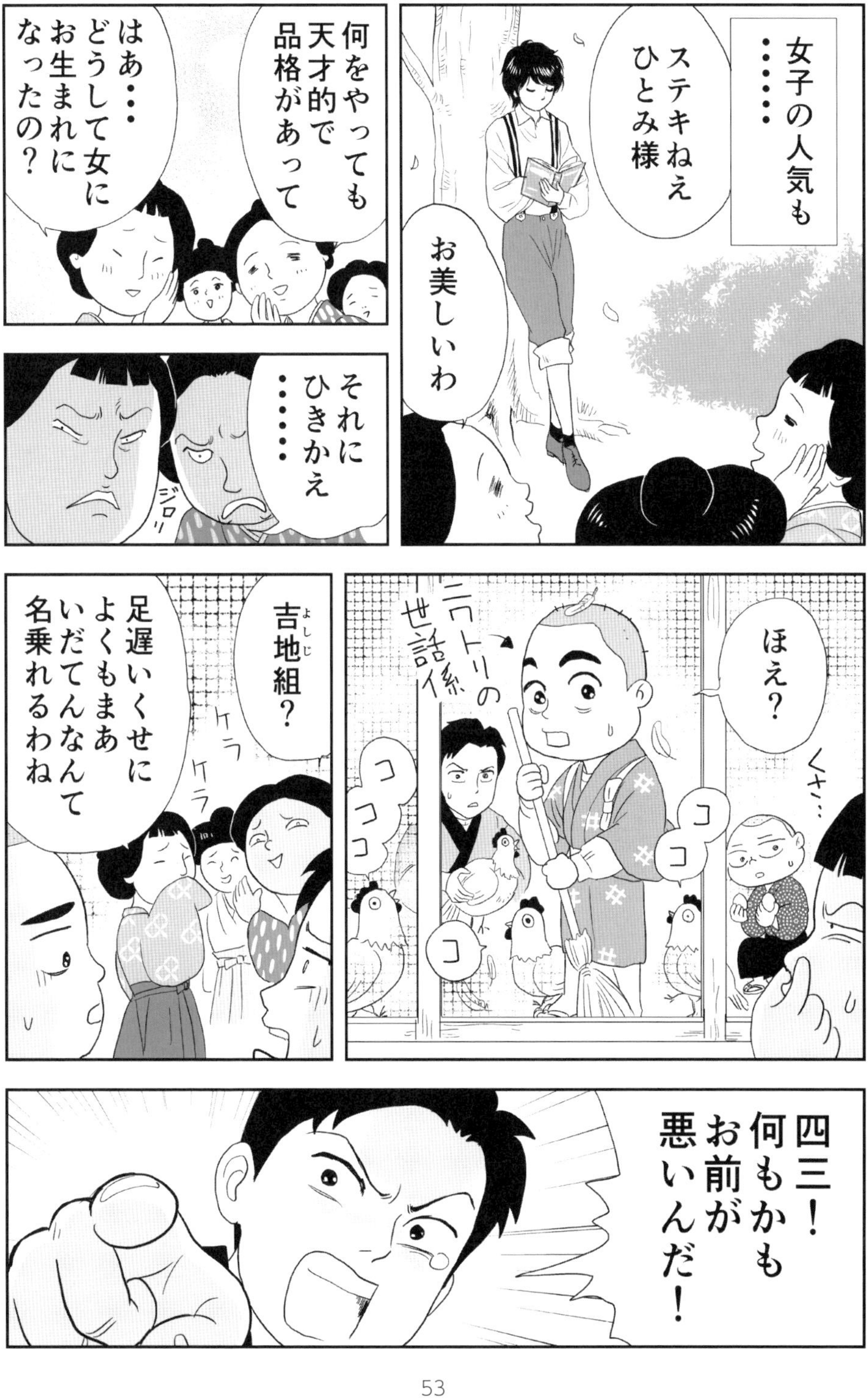

女子の人気も……
ステキねえ ひとみ様
お美しいわ
何をやっても天才的で品格があって
はあ…どうして女にお生まれになったの？
それにひきかえ……
ジロリ
ほえ？
ニワトリの世話係
ココ
ココ
コ
くさ・・
吉地《よしじ》組？
ケラ
ケラ
足遅いくせによくもまあいだてんなんて名乗れるわね
四三！何もかもお前が悪いんだ！

お前がのろまで足引っ張るから立花なんかに負けるんだ
お前のせいで俺たちまで馬鹿にされる
ごめんなさい組長・・・
もうお前は吉地組からはずす!
学校来んな!
そんなぁ
まさちゃん
トモダチ‥
悪いな四三組長には逆らえん
組長〜っ
行くぞみんな!
明日こそは奴に勝つ!
お〜っ
みんな待ってよぉ

とっぷり
ギャーギャー
ウォーーン
オンオン‥
夜の森……
ガー
ブヒー
一人じゃムリ!!
ドロドロ
シャーッ
うう…
ヴヴ〜
ザ。
立花…さん?

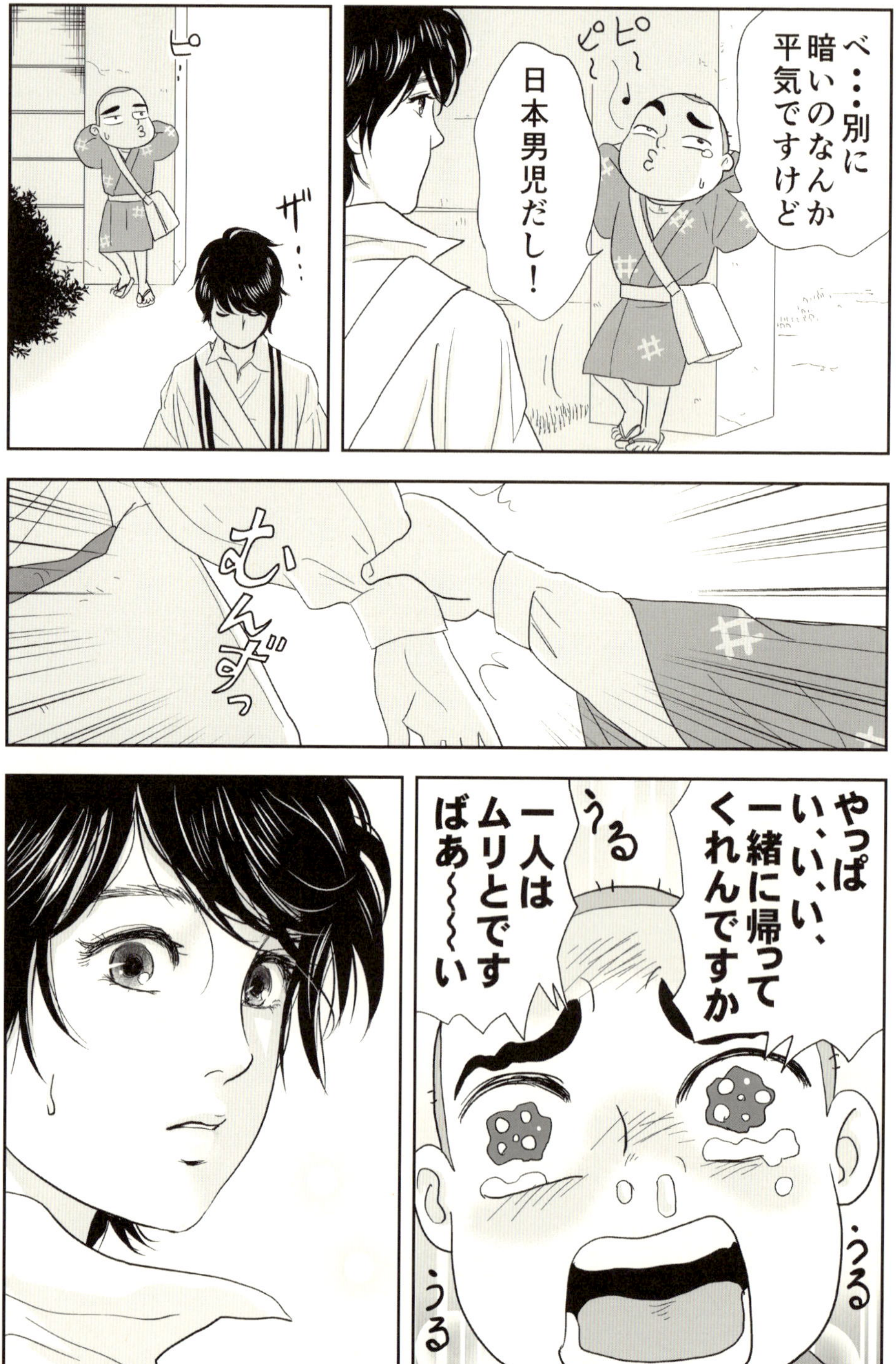
べ…別に暗いのなんか平気ですけど
ピ〜ピ〜♪
日本男児だし！
ピ…
ザ…
むんずっ
やっぱい、い、い、一緒に帰ってくれんですか
一人はムリとですばあ〜〜〜い
うる
うる
うる

でも君・・・
僕について
来られるのか？
え？
ダッ
ああ〜〜〜〜っ
待ってよぅ
ガッ
べちゃっ
ぎゃびっ
うぅ〜〜
ひどい・・・
無理に
決まってる
よ〜〜
僕みたいな
ちびころの
へなちょこが
ああ・・・僕
このまま
野犬に食われて
死ぬとばいね
短い人生
やった…
どうして
無理だと
思う？

立花《たちばな》さん！
君は
はじめから
あきらめてる
速く走れるように
なりたいって
思わないのか？
そりゃあ
なりたいよ！
僕だって…
速く走れる
ようになる
もんなら

いやだいやだと
思って走ると
どんどん辛く
なる
空を飛んでると
思って走るのさ
いやなこと
全部忘れて
ほら
ついて来い！
は・・・
はいぃ
あひ・・・
あひ・・・
やっぱ
きつい
いやなこと
忘れるどころか
どんどん
思い出すん
ですけど
コラ～！
はずす！
ケラ
ケラ

でも・・・
あいつ
本当に空を
飛んでる
みたいだ
楽しそう・・・
ぽすっ
とろ〜り
ニョロ〜り
ビ
ヘ
ニョロ
ニョロ

ぴゃあああ～～っ
ドドドドド
うっ
ピュッ
ぴゃあ～～
ぴゃ～～っ
ぴゃぴゃぴゃ～
あいつ・・・！

四三
1に勉学
2に勉学
クドクド
3、4がなくて5に勉学…
クド
日本男児たるもの常に己を
………
ボ!
ズ~
ボー
……
すぴ~
ぐ~
立花ひとみか……
明日もあいつと走れるかなあ

翌朝
よーし
吉地《よしじ》組
集まったな
では
学校へ
出発だ
はーーい
組長!
ん?
ケロッ
はーい
組長
四三!
お前ははずすと
言ったはずだぞ
ひぃ〜
ダダ!
ひどい・・・
同じ組の
仲間じゃ
ないか〜
あひ・・・
あひ・・・
それにしても
なんで僕
こんなに足
遅いんだろう
あんなの
夢のまた夢か

ガッ
ミシ
ベッ
ペ？
目線はまっすぐ前を向け！
ぐりん
ゴキ
辛くてもダラダラ走るな
ゴキ
ポキ
ペキ
歩調を一定に保って一、二、一、二、この速さだ
着地は一瞬太ももをもっと上げろ！
立花さん！
さあ…そのままだ
そのまま
ドン
行け！

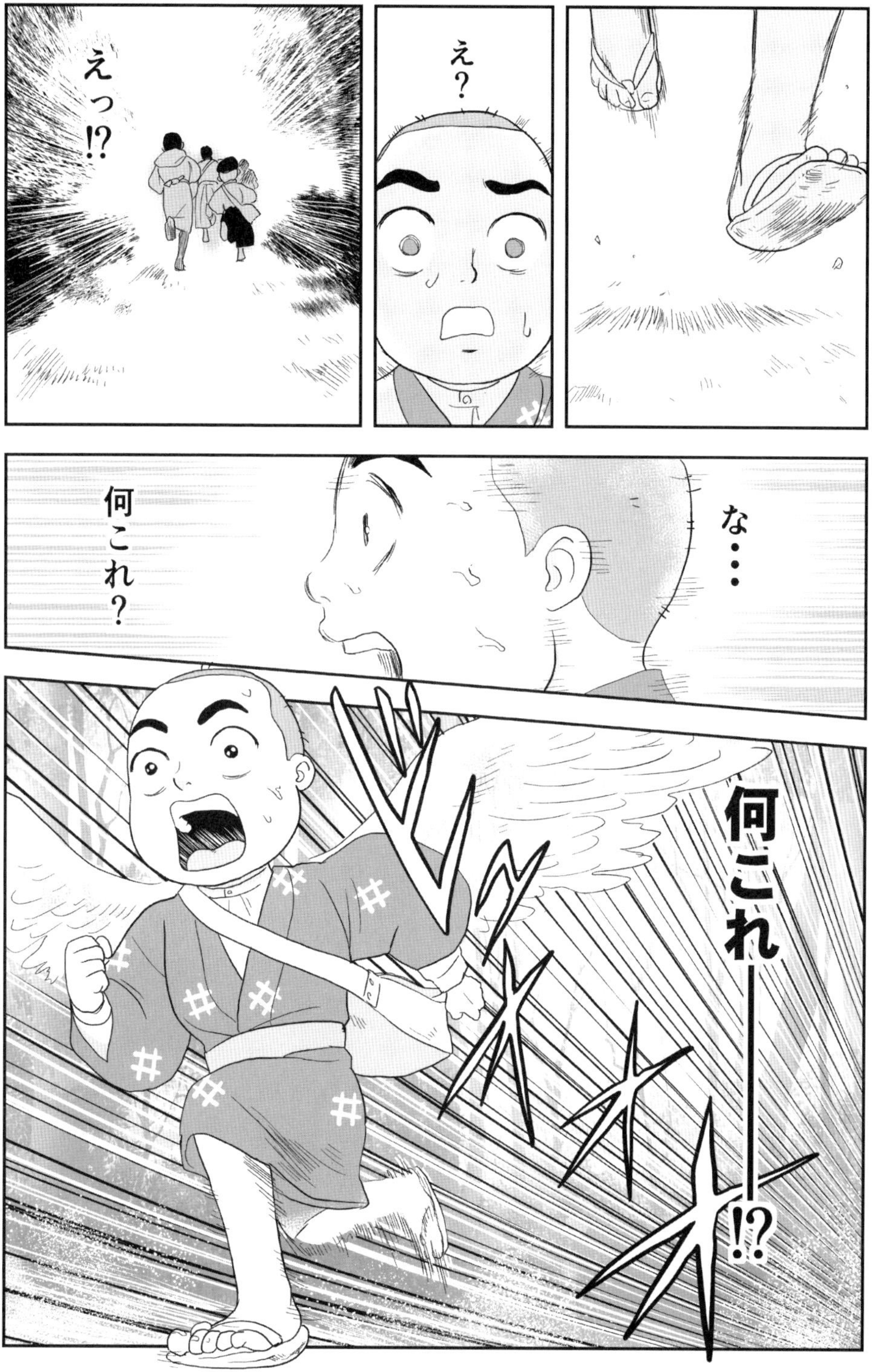

え?
えっ!?
な・・・
何これ?
何これ——!?

まさか
これが・・・
これが・・・
あわわわ
止まらん
どいてくれ――――!!
げっ
どか―――ん
わぁ～～～～!!
あたたた
何しやがる四三～～～
ザッ
そう・・・それが〝走る〟ってことだ
分かったか

は・・・はい
おい四三どけ!
くそーっ今日こそ奴に勝てたかもしれないのに
お前のせいだぞ四三〜〜!
走る・・・
であるからして——
走る・・・か
あれは今まで感じたことがない
まったく不思議な感覚だった
まるで自分じゃないみたいに体が軽くて
本当に空を飛んでるみたいだった!

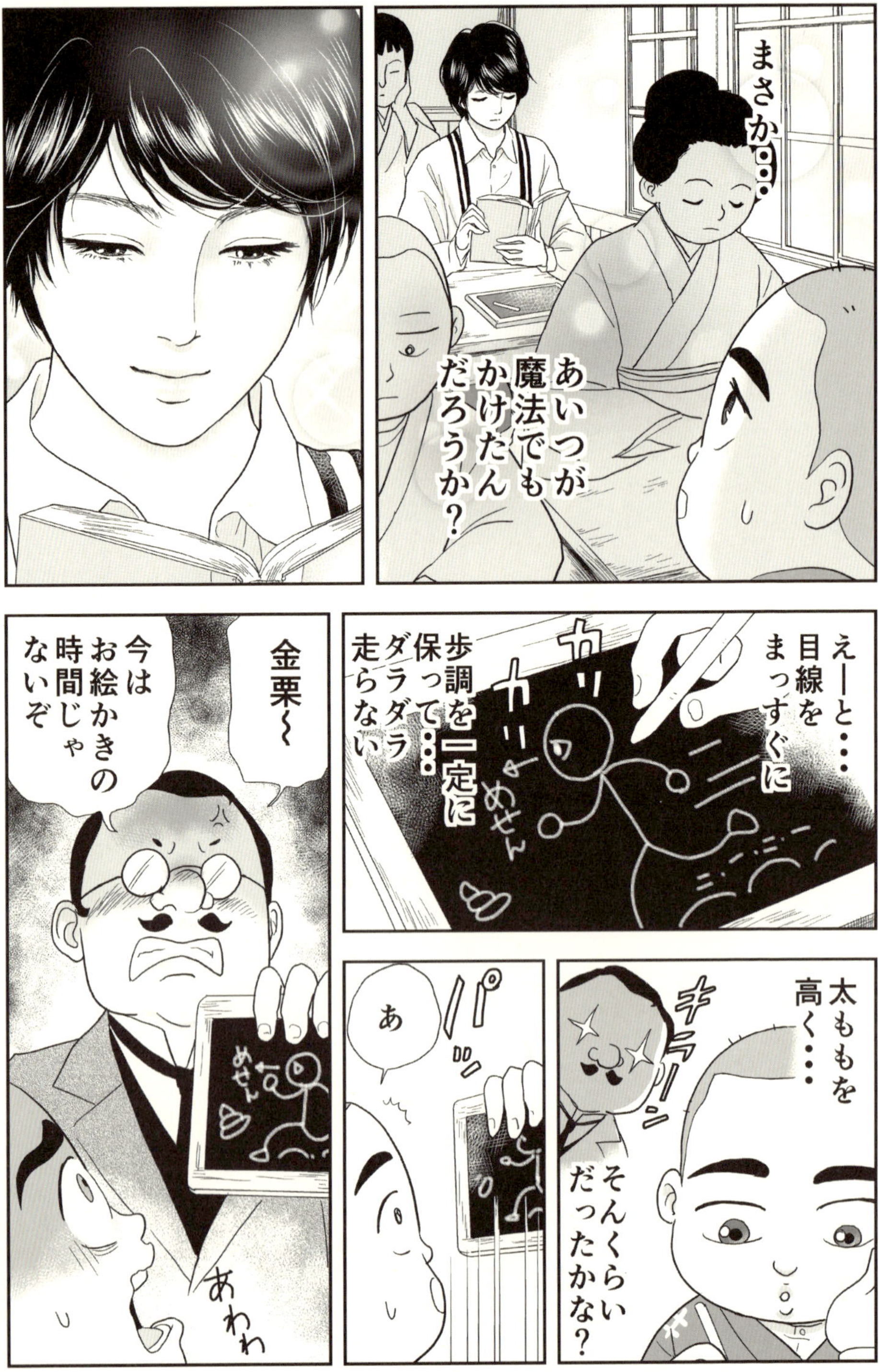
まさか…
あいつが魔法でもかけたんだろうか？
えーと…目線をまっすぐに
歩調を一定に保って…
ダラダラ走らない
カリカリ
めせん
太ももを高く…
キラーン
そんくらいだったかな？
パッ
あ
金栗〜
今はお絵かきの時間じゃないぞ
あわわ

いいか金栗
我が日本は今
危急存亡のときを
迎えておる
あの世界最大
最強の大帝国
ロシア帝国と
戦争をして
おるのだ！
あの英雄
ナポレオンですら
かなわなかった
ロシアだ
ドドドドド
しかも強大無比の
コサック騎兵隊とか
バルチック艦隊
とかもいるのだ！
今頃
兵隊さんが
どんな思いで
戦っとるか・・・
ほい・・・
「学ぶ」という言葉は
「まねぶ」・・・つまり
まねをするという
言葉から来ている
という
お前も兵隊さんの
まねをして
立派な日本男児に
ならねば・・・
ん？
ほい・・・
ほい

おてもやん
ほい
あんたがたどこさ
ほい
ほーい
金栗〜〜〜〜〜〜〜ッ!
お前わしの話全然聞いとらんな!!
それに返事はほいじゃなくてはいだろ
ぴいやぁ〜〜〜〜
許ちて
玉名北高等小學校
ひーーこってりやられたばい
ぐったり
大人はあんな怒りっぽいから戦争とかになるんだよ〜
もっとやさしーーく言ってくれたらいいのに
いいとこ見つけるとか
あ!
立花さん!

へへ…
あの――
スザッ
またあれ
やってほしい
なあ
ほら…
あの時の
速く走れる
ようになる
やつ
知るか
スタスタ
あ
頼むよ〜〜〜
むんず
友達じゃ
ないかぁ
誰が…
友達だと!?
あう…
ヒィ…

ちょっと助けてやったからって勘違いするな！
男の友達なんかいらない！
男は・・・威張ってばかりだ！
私は男の言いなりにはならない！
ダッ
ポヤー
立花さん・・・
僕そんなに威張ってた？
じわ…
待って～
ダッ

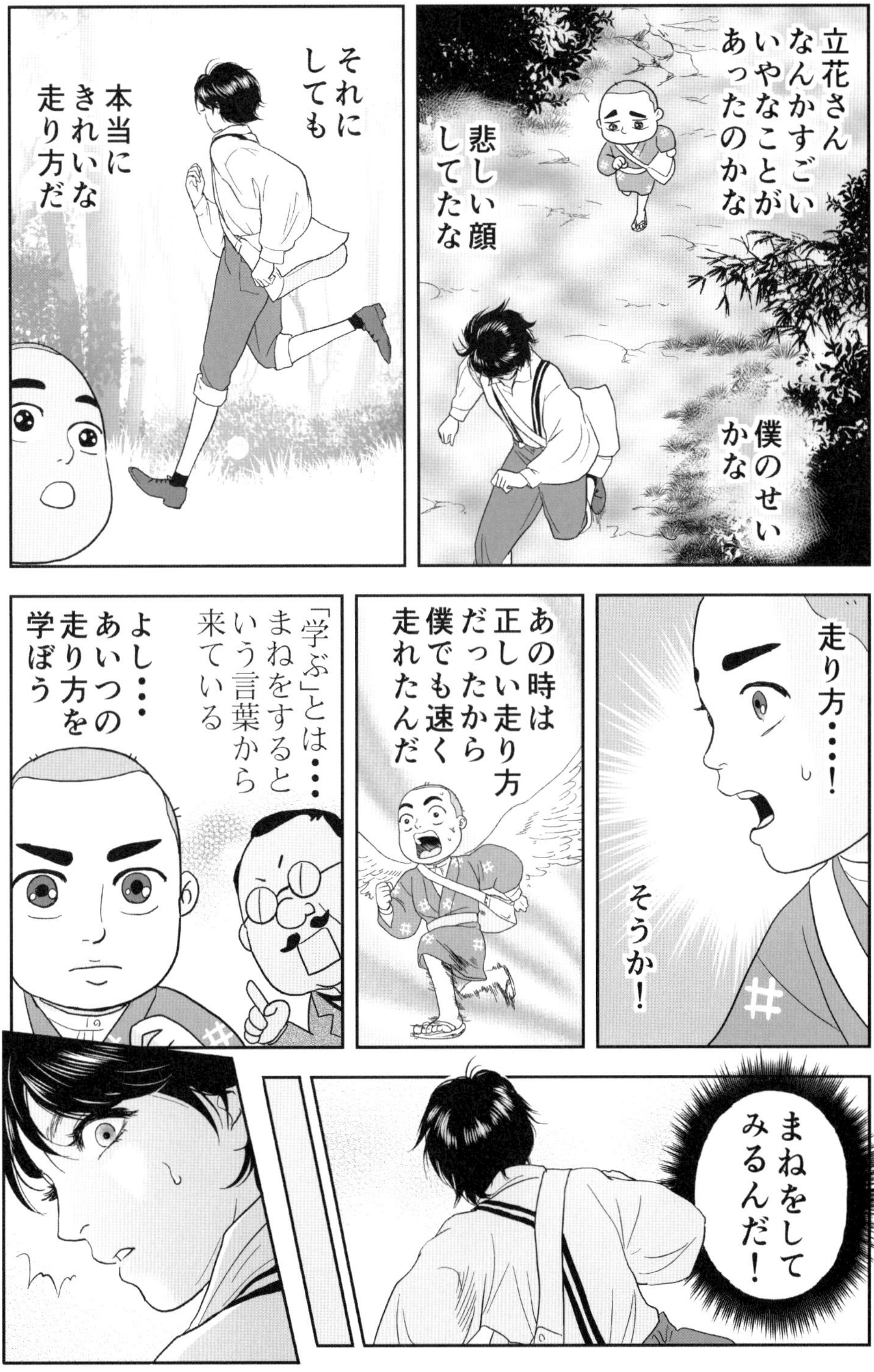
立花さん
なんかすごい
いやなことが
あったのかな
悲しい顔
してたな
僕のせい
かな
それに
しても
本当に
きれいな
走り方だ
走り方・・・！
そうか！
あの時は
正しい走り方
だったから
僕でも速く
走れたんだ
「学ぶ」とは・・・
まねをすると
いう言葉から
来ている
よし・・・
あいつの
走り方を
学ぼう
まねをして
みるんだ！

僕の走り方どぎゃんですか――!?
シュタタタタタ
何ィ!?
こいつ…ずっとついてきたのか!?
あばーーっ
びたーーん
おい!
金栗!
走り方だけじゃなくてちゃんと息の仕方も……
ぼく…君みたいになり…たいんだ
なりたい……
……バカ……

あれ？
これ・・・
夢？
あったかい
甘い・・・
いいにおい
がする
サラ
サラ
翌朝―
チュン
チュン
でーーん
な・・・
何事？
ビシィッ

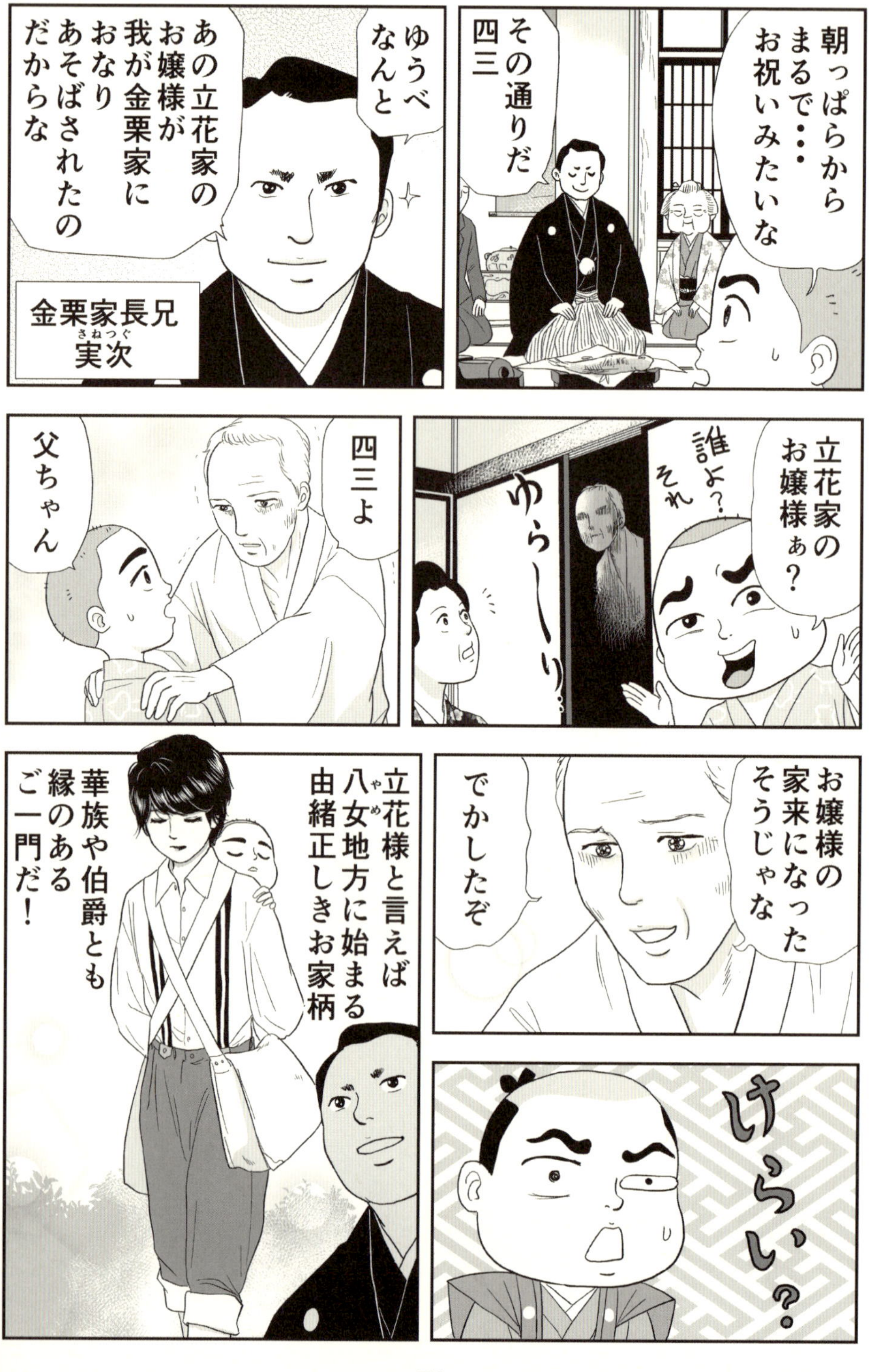
朝っぱらから まるで・・・ お祝いみたいな
その通りだ 四三
ゆうべ なんと
あの立花家の お嬢様が 我が金栗家に おなり あそばされたの だからな
金栗家長兄 実次《さねつぐ》
立花家の お嬢様ぁ?
誰よ? それ
ゆらーり…
四三よ
父ちゃん
お嬢様の 家来になった そうじゃな
でかしたぞ
けらい?
立花様と言えば 八女《やめ》地方に始まる 由緒正しきお家柄
華族や伯爵とも 縁のある ご一門だ!

そして
そのお家の
お一人娘こそ
あの
ひとみ
お嬢様
なのだ!
おきれい
やったわ
あかぬけ
とった
かわい
かった
仏さん
みたい
じゃった
かっこ
よかった
ポ…
みんな
とりつかれ
とるぞ
あいつって
そんなに
すごい人
なの・・・?
四三!
いるか

高瀬の駅で戦勝祝賀会があるんだって
祝凱旋
軍人さんとか捕虜のロシア兵とか来るらしいよ
見物に行こう
あ、まさちゃんおはよう
金栗家
ばんざーい、ばんざーい
一体何があった？
高瀬《たかせ》駅
（現在の玉名駅）
ガシュ
ガシュ
Вот мчится тройка почтовая
（走るトロイカ〜〜）
По Волге-матушке зимой,
Ямщик, уныло напевая
（雪のヴォルガ河に
馬の手綱取って）
Качает буйной головой
（ゆく御者の歌や悲し）
走るトロイカ〜

おっと
もう着いたのか
婚約者《フィアンセ》を待たせてあるんだ
それでは諸君
お先に
ワイ
ワイ
ワイ
あ、四三！なんでいるんだ
お前は吉地組をはずすと……
ワァァァ
我が古里が誇る期待の星
海軍中尉藤堂《とうどう》衛《まもる》殿のご凱旋だ!!
ワァァァァ

か…かっこいい！
海軍の制服いいなあ
迎えに来てくれたのかひとみ！
我が妻よ！
つ…つ…妻だとォーーッ!?

ただいま
ひとみ
……
おかえり
衛《まもる》さん
ニコ…
お・か・え・り
!!?
金栗?
あば・・・
あばば
ピク
ピク

す…すごいね立花さん
立花家のお嬢様で英雄の奥様か——…
ひく…
ひく
ハッ
あーオホン
パッ
すごか〜
すご…
誰？友達？
……
四三のやつ一体どうしたんだ？

今日はやけに勉強に打ち込んどるじゃないか
いつもはすぐ居眠りするのに
そう言えばうちの姉ちゃんたちもお嫁に行くの早かったな
オギャー
バブー
そんなもんなのかもしれないいな
はらへったー
あいつ…男は好かんとか言ってたくせに
おかえりて…
あんな笑顔で
おかえりて…

え―――
本日はたいへん名誉なことに
玉名の英雄であり本校の卒業生でもある藤堂《とうどう》衛《まもる》中尉が来られております
何あの人かっこいい!
キャーッ
知ってる? ひとみ様の許嫁《いいなずけ》なんですってよ
ここを卒業したら正式にご婚約されるって
キャー
キャー
それでは中尉お言葉を・・・
諸君
日本は今・・・
ロシア帝国と戦争をしている

中国の戦線では陸軍がたいへんな苦戦をしているところだ
軍人は国を守るのが義務
僕もすぐにまた戦地に戻らねばならないだろう
だが君たちの教育もまた国家の大事な役目
そのために僕は一役買いたい
近く本校恒例行事の「大津山《おおつやま》遠歩《えんぽ》大競争」がある
これに僕も諸君とともに参加しようと思う！
若き君たちに敢闘精神の何たるかを見せてやろう
おお〜っ
ザワ
ザワ
ザワ

みんな！藤堂中尉と走れるとはなんたる光栄！
拍手——！
パチパチ
パチパチ
パチパチ
では女子は腕をふるって炊き出しの豚汁を・・・
女子は豚《とん》汁を作ってろなんて言いませんよね
え？
大津山遠歩大競争
僕も走りますよ
男なんかに負ける気がしない
なに〜

そうだわ！
言われてみれば女子だからって豚汁《とんじる》係・・・なんてバカにしてる
うちらだって走りたい！
みんなでひとみ様と一緒に走りましょう！
お〜〜っ！
じゃあ豚汁は誰が？
恒例なのに〜〜
吉地《よしじ》組が作ればいいんじゃないかしら？
ね——足遅そうだもんねー
むきいいい〜〜〜っ
あいつが来てから人も学校もどんどん変わってくなぁ
いち・に
いち・に
ドドドドド

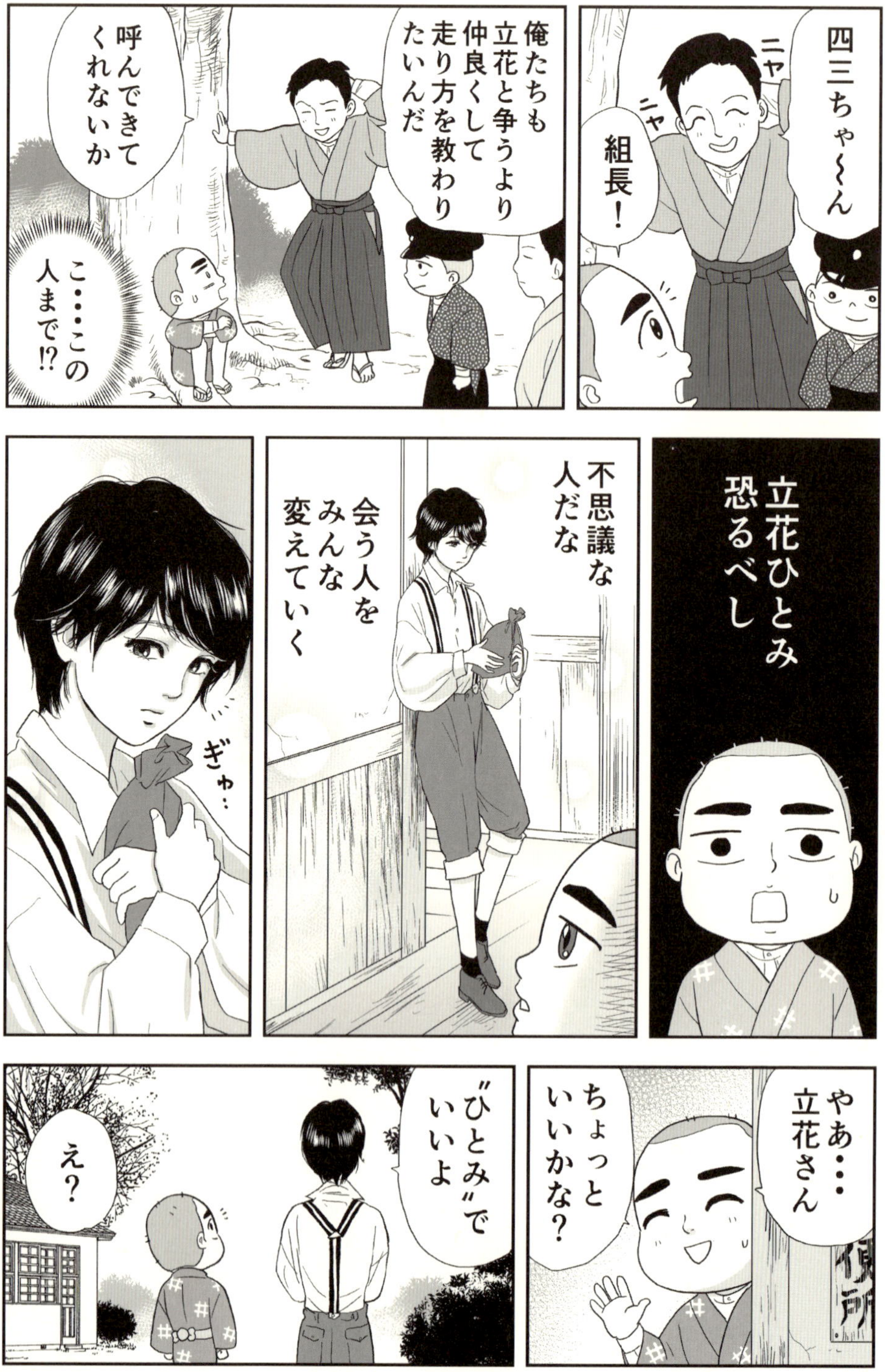
四三ちゃ〜〜ん
ニャ
ニャ
組長！
俺たちも立花と争うより仲良くして走り方を教わりたいんだ
呼んできてくれないか
こ・・・この人まで⁉
立花ひとみ恐るべし
不思議な人だな
会う人をみんな変えていく
ぎゅ・・
やあ・・・立花さん
ちょっといいかな？
〝ひとみ〟でいいよ
え？

四三
これ・・・受け取れ
何これ？
かわいいか！
かかったな立花！
ザザッ
今日こそはお前を倒す
え？
仲良くするんじゃ・・・
立花！もうお前の好きにはさせねえぞ
勉強できるとか足が速いとかで調子乗ってんじゃねえ
この国では相撲の強い奴が一番偉いんだぜ
相撲で勝負だ！かかれ〜〜〜〜〜〜っ!!

ドォォーン
ぎゃーーっ!!
これで満足か?
くそーー
あう
そういうことか
僕をだましたんだな
卑怯なやつ
ち・・・ちが
何やってる四三!お前も戦え!
立花を倒したらまた吉地組に入れてやる!

やるか
行け四三!
ガシッ
嫁に行ったら二度とそいつと戦えねえんだ
これが最後だぞ!!
最後・・・?
最後!!!
うわあああ――っ!!!
シュゴオオオオ
なに!?

ヴ〜〜あ゛〜〜〜っ
ザザ
ザザ
ザ
ザザ
ザザ
ザザザザ
すげぇ
あいつ…なんて脚力だ！
ドシャアア
きゃっ
グキッ

やった！
ついに立花を倒したぞ！
我ら吉地《よしじ》組の勝利だ！
ばんざ〜い
ばんざーい
立花さん！
大丈夫⁉
う…

ううう・・・
たち・・・
ズキッ
くっ
やーい
やーい
負けて泣いて
やんの
ベロベロ
べー
なんか・・・
取り返しの
つかないこと
したような
気がする

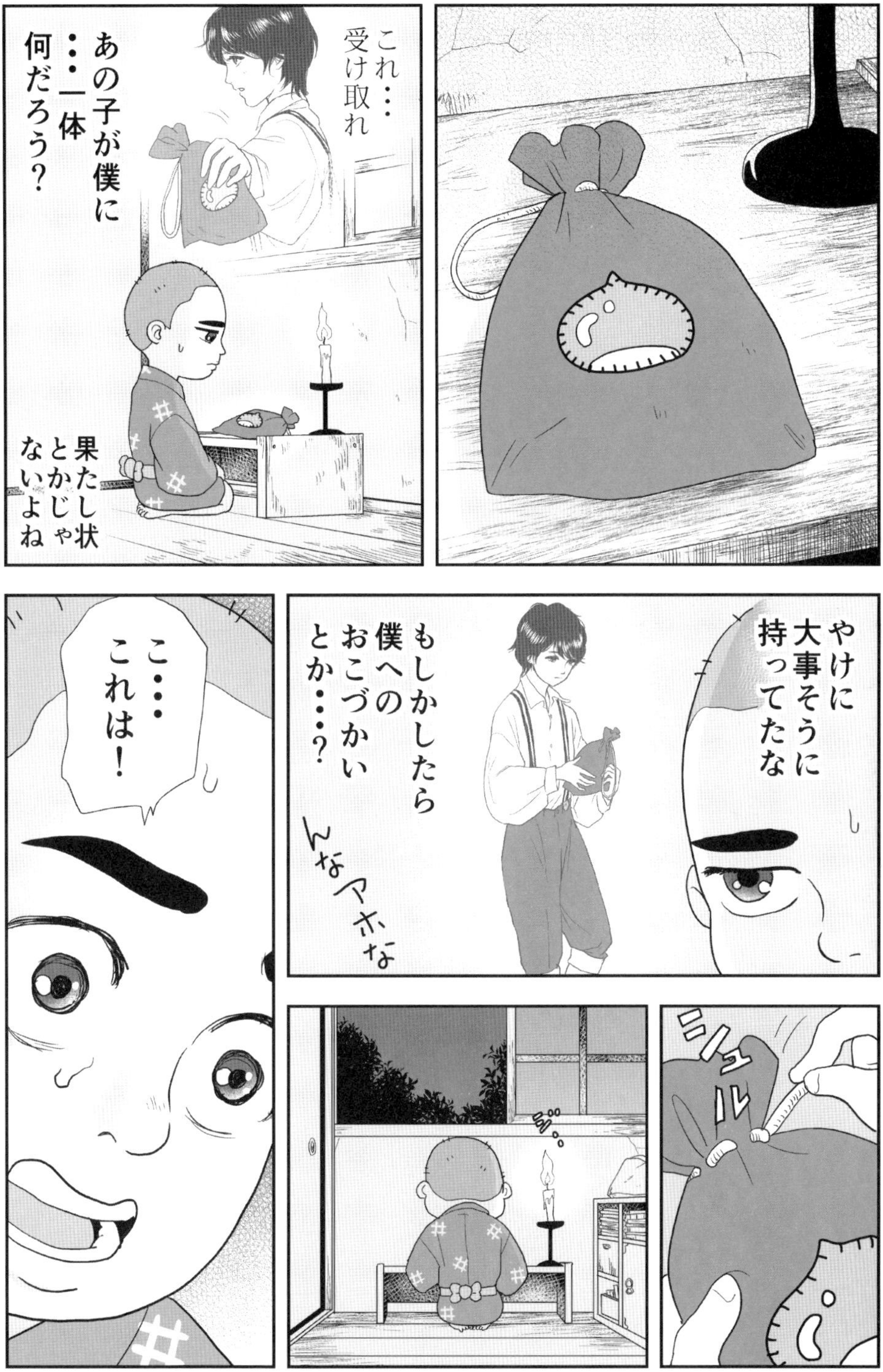

これ…受け取れ
あの子が僕に…一体何だろう？
果たし状とかじゃないよね
やけに大事そうに持ってたな
もしかしたら僕へのおこづかいとか…？
んなアホな
シュル
ジジ…
こ…これは！

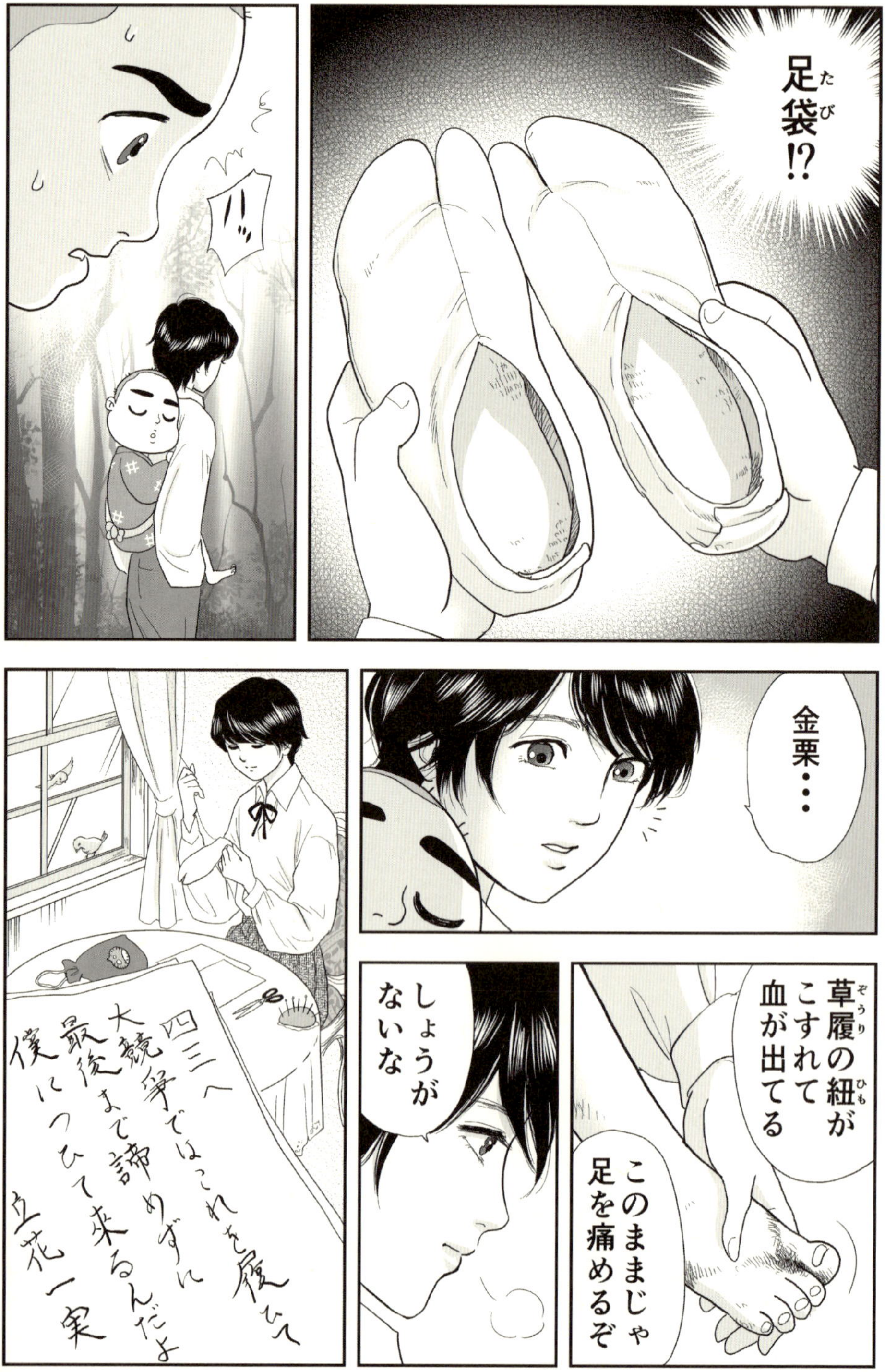
足袋《たび》!?
!!
金栗・・・
草履《ぞうり》の紐《ひも》がこすれて血が出てる
このままじゃ足を痛めるぞ
しょうがないな
四三へ
大競争ではこれを履ひて
最後まで諦めずに
僕について来るんだよ
立花一実

ぶわっ
うう〜
これを僕のために
それなのに僕は・・・
諦めずに
来るんだよ
立花一実
僕は・・・
君を泣かせてしまった
みんなと一緒にいじめに加わって・・・
ベロベロベー
僕はクソだ〜〜〜〜〜っ!!!

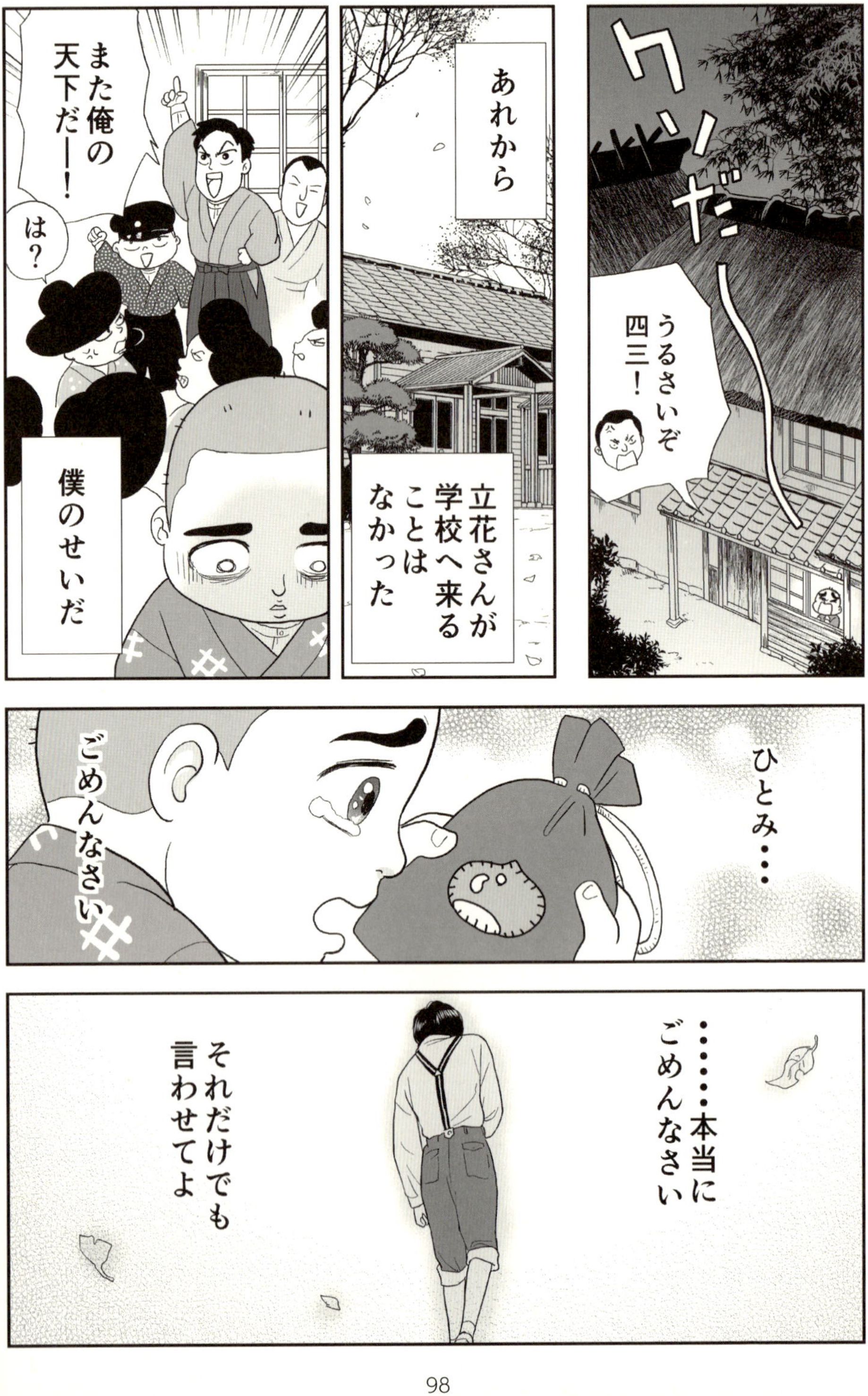
クソだーー
うるさいぞ四三！
あれから
立花さんが学校へ来ることはなかった
また俺の天下だーー！
は？
僕のせいだ
ひとみ・・・
ごめんなさい
・・・・・・本当にごめんなさい
それだけでも言わせてよ

ポーーッ
この足袋・・・
僕の足に
ぴったりだ！
キュッ
四三
君には走る
才能がある
きっと
誰よりも
速くなれるよ
ダッ
な・・・何だ!?
この足袋は！
足底に何か
縫いこんであるのか
ふかふかで心地いい
優しく包んで
守ってくれてる
ような
それでいて
毬《まり》のように
足が力強く
地面を跳ねる
感じがある
すごい足袋だ！

またこれだ・・・
ピク
ピク
足袋はいいけど息が続かん
速く そして長く走るには正しい走り方だけじゃなく息の仕方が大事だ
息が足りなくてもいけないし無駄に息をしすぎてもいけない
自分に合つた息の仕方を見つけるんだよ
ポー
ガシュガシュ
あひ・・・
あひぃ
シュシュ
シュシュ
ポッポッ
スッスッ
ハッハッ
ポッポッ
シュッシュッ

シュッシュッ
スッスッ
見ろよ あの坊主
ずっとついてくるぞ!
すごい!
ハッハッ
シュッシュッ
スッスッ
ポッポッ
頑張れよ——!
スッスッ
ハッハッ
スッスッ
ハッハッ
これだ…!
いつまでもどこまでも走れるような気がする
見つけたよ ひとみ
ひとみ……!

君に会いたい…
ザァ
また君と走りたいよ
…って来てみたはいいけど
すんごい豪邸…
立花
ドキドキ
もじもじ
君は…ひとみの友達かね？
あう
あ…あなたは
玉名の英雄藤堂衛さん！
いよいよ明日だな
大津山遠歩大競争
君も出るんだろ？風邪ひくぞ
ぐっしょり
あ…はい

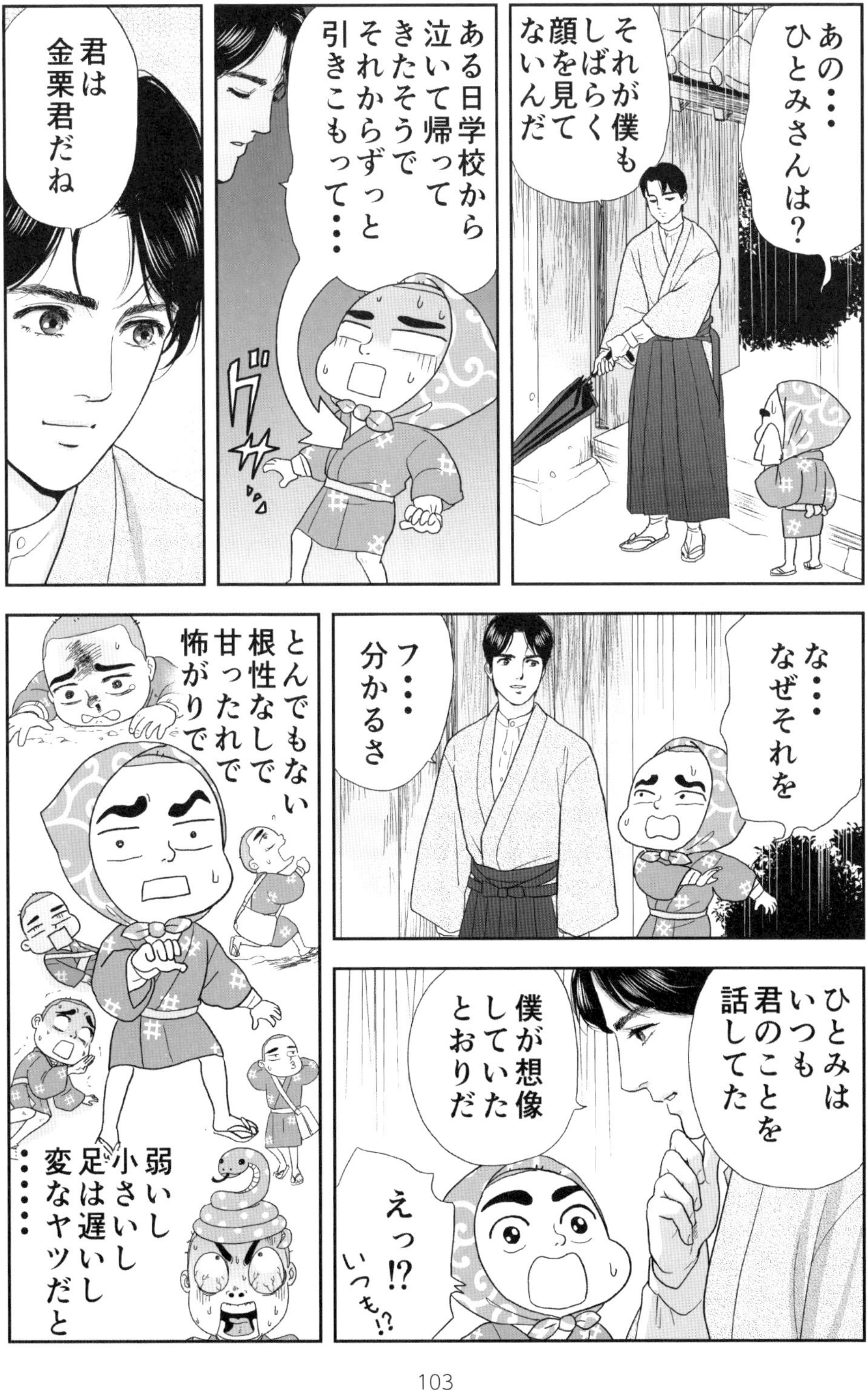
あの…
ひとみさんは？
それが僕も
しばらく
顔を見てないんだ
ある日学校から
泣いて帰ってきたそうで
それからずっと
引きこもって…
ドサ
君は
金栗君だね
な…
なぜそれを
フ…
分かるさ
とんでもない
根性なしで
甘ったれで
怖がりで
弱いし
小さいし
足は遅いし
変なヤツだと
……
ひとみは
いつも
君のことを
話してた
僕が想像
していた
とおりだ
えっ⁉
いつも⁉

あいつがそんなことを
ガーン
へな…
当たってるけど
ハハ…ハ
まあ…英雄の奥さんになる人だもんね
こんなすごい旦那様に比べたら
僕なんてね——…
それは…どうかな
家と家で結婚の約束が結ばれたその日
あいつは長く美しかった黒髪をばっさり切った
幼い頃からこの僕とは兄と妹のようになれ親しんだひとみが
心を閉ざして笑わなくなった

いつまで子どもみたいなことを言っておるんだ！
こんないい縁談はないいんだぞ！
そうよ！あなたは幸せなのよ
女のくせに…何が〝走りたい〟だ!?
ふざけるな！
女のくせに……？
フッ
もううんざりです
ならば私は男でも女でもありません

ただの人間 立花ひとみです!!!
ひぃ〜〜〜っ!!
何ということを!
断る?
ひとみ・・・一体どうして
衛《まもる》さん 私は私の人生を諦められない
それだけです
僕も君を諦めることはできん
それだけは覚えておいてほしい

どゆこと?
ぬっ
わ・・・
分からん
ザァ
ひとみの
考えてることが
全然分からんの
ですけど・・・
何の不満が?
ああ・・・
僕にも
彼女の考えは
分からんよ
昔のように
笑うように
なった
幼い頃のように
屈託なく自然に・・・
だが
これだけは
言える
サー・・・
玉名に
帰ってきて
あいつは
変わった

藤堂さん
それなら僕にも一つだけ分かることがあるよ
だから僕あいつにどうしても伝えたいことがあってここへ来たんだよ
金栗君？
あいつは・・・走るのが大好きってことだ
ド
ひとみぃ〜〜〜っ!!
いろいろ本当にごめんなさい――!!
明日の大競争は絶対に出ておいでよ

僕は君と走りたいんだよ―――ォ
走りたいんだよ…
…たいんだよ―!!
サァー
弱いし 小さいし 足は遅いし 変なヤツですよ
だけど あいつは
なぜか いつも隣で 僕と同じものを 見てる
泣いたり わめいたり しながら
四三と僕は 同じ道を 同じ方へ向かって 走っているんです
ま…まさか

大津山遠歩大競争
パンパカパーン
さーーーあ
いよいよ
大津山遠歩
大競争の
幕開けだーー!
ワイ
ワイ
全長2里(約8キロ)
山あり谷あり川あり
池あり障害物ありの
難行路だ!
大津山
出発地点
目指すは
大津山の頂上に
そびえたつ
紅梅の大木
本年は
光栄なことに
藤堂中尉が
特別参加して
くださるぞ!
みんな
頑張って
2等を
目指そう!
キャ〜ッ
冗談じゃない
1等は
僕がもらうよ
キュ…

おお〜〜っ
ひとみ！
この戦い
誰にも負けるつもりはない
ひ…ひとみ
ユラ…
ひーとーみぃ〜〜〜〜!!
わ〜
来てくれたんだね〜〜〜っ
シュタ
タ
タ
タ
タ
スッ
へ
タ
タ
タ
それでも…もし負けるようなことになったら

その時は
衛《まもる》さん・・・
おとなしく
あなたの
嫁になるよ
ギャーーッ
ひとみ・・・!?
キャ〜〜ッ
ステキ!
結婚宣言!?
ひ・・・
ひとみ
それでは
位置について
よーーーい

ドドドドド
大津山遠歩大競争
どーーん！
いざ戦いの始まりだ！
おい四三 吉地《よしじ》組に恥かかすんじゃねえぞ
ビリにだけは絶対なんなよ
ボ～ゼン
我らいだてんの名にかけ・・・
ドドド
おどきなさい吉地組！
うちらいだてん乙女《をとめ》軍団の邪魔はさせませんわよ～～～～!!
ドドドド
なにぃ～～っ
ドドドドド
女子たちがバ・・・バカな
勝手にいだてんの名を・・・
速い・・・!

体が重い・・・
ズ～ン
とろとろ
走る気が全然しない
さあ～～最初の難関はレンコン畑の沼渡りだ！
沼に浮かんだ桶の上をうまく跳んで渡れるかな？
もうおうち帰りたい・・・
落ちたらどろんこまみれだよ
ギャー
バシャァ
ひぃ～
ジャバババ
ズブブ
こんなん無理だろ
どけっ
ビュオッ
タタタ

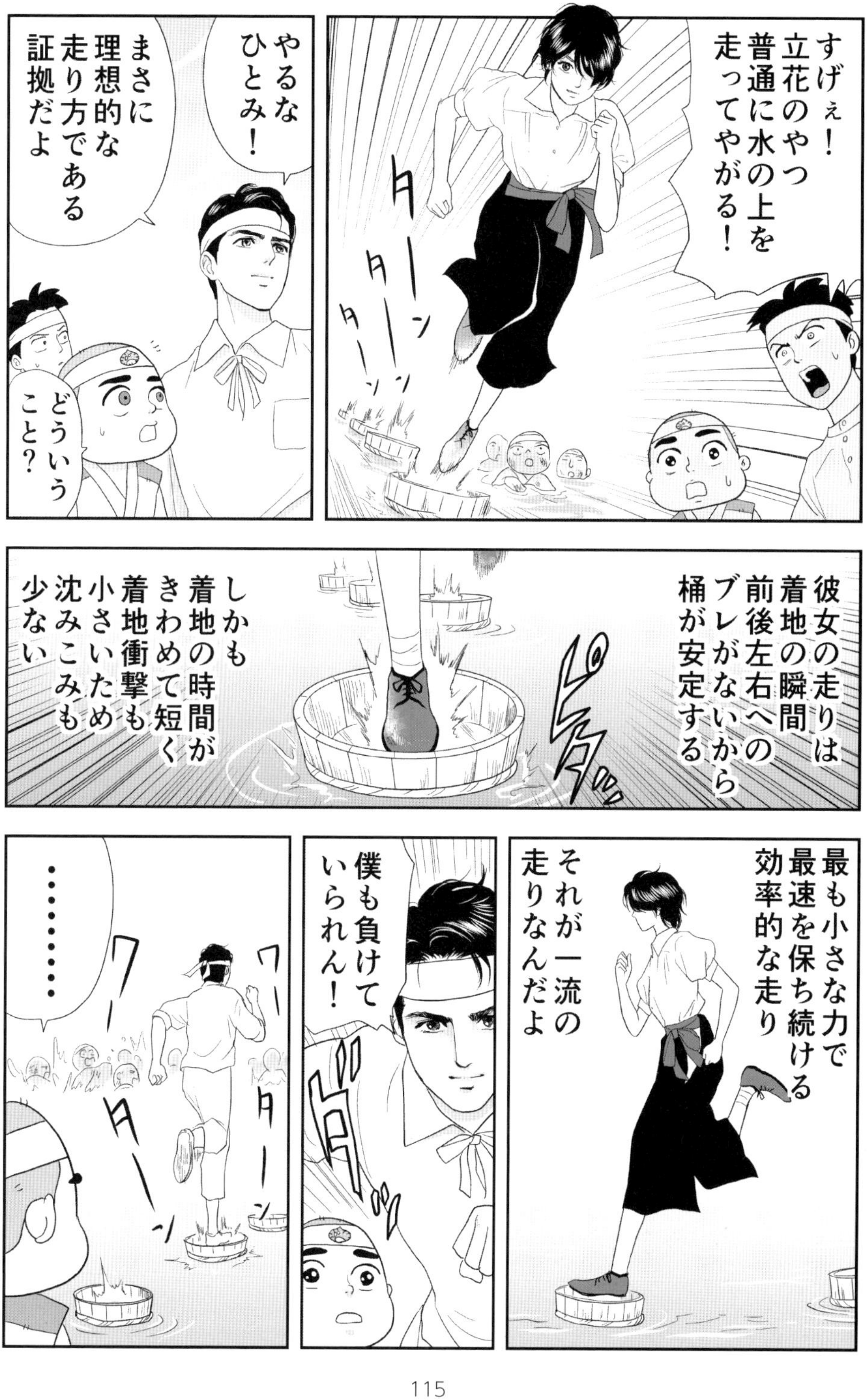
すげぇ！立花のやつ普通に水の上を走ってやがる！
タ一ン
タ一ン
タ一ン
やるなひとみ！
まさに理想的な走り方である証拠だよ
どういうこと？
彼女の走りは着地の瞬間前後左右へのブレがないから桶が安定する
ピタッ
しかも着地の時間がきわめて短く小さいため着地衝撃も沈みこみも少ない
最も小さな力で最速を保ち続ける効率的な走り
それが一流の走りなんだよ
僕も負けていられん！
ダダッ
ワ一
タ一ン
タ一ン
…………

正しい走り方・・・?
スッスッ
ハッハッ
スッ
ハッハッ
それなら僕だって・・・
ワー
キャー
ワー
ゴクッ…
きっとできる・・・・・!
できる・・・・・!
ダアァ
ターン
ターン
ターン
ターン
何だとォ!?
で・・・・・できとる〜〜〜っ!!

タ
ダッ
ワー
ワー
キャー
できた・・・
渡りきれた！
僕の走りは
間違って
なかったんだ！
さーーーて
次なる難関は
地獄の崖のぼり！
ワー
落ちたら
もちろん
どろんこだ！
ワー
バシャ
どろんこ
好きだな
この学校
おい！
やるぞ
へい
組長！
とおっ
ヒョイ
ぎゃびっ
ズボッ

わっはっは
縄がなけりゃのぼって来れまい
スルスル
スル
あーーっひどい!
勝てば官軍よ
さあ先に行った立花たちを追うんだ
組長こっちに抜け道が!
き〜〜っずるいわよ吉地組!
縄を返せ!
僕…またはずされとる
うーーむ石にかじりついてでも勝とうという執念
あれはあれであっぱれ…かな?
は?
何言ってんの先生!
あ…いや
それでも教育者!?
ハッ

石にかじりついてでも・・・・?
急に誰も追って来なくなったな
ところでひとみ
金栗君と何かあったのかい?
やけに冷たく当たってた
彼のことは気に入ってたじゃないか
誰があんな奴!
あいつは僕をだましたんです
僕を裏切って罠にはめた・・・卑怯者だ

ハハハハハ
あの少年が君を罠に・・・?まさか！
衛さん！
僕が見た金栗君はとてもそんな人間じゃない
嘘のない男だよ
鳥のヒナみたいに君を信じてついて来たんだろ
う・・・
待ってよォ〜
ひとみ・・・人が冷静さを失うのは心があるからだよ
金栗君は・・・君の心を動かし始めている

だからこそ僕は全力で彼に勝とうと思うんだ
あなたの敵じゃない
どうせ追いついては来ませんよ
そうだな
もし彼が君の言うような卑怯者なら
石にかじりついとる！
恐るるに足りない
だけどもし彼が"本物"だったら……？

スッスッ
ハッハッ
スッスッ
ハッハッ
さっきまでと全然違う
体がどんどん軽くなる
この道の先には
あいつがいるんだ!
ひとみ・・・!

うっ
ズキン
どうしたひとみ?
な・・・何でもありません
僕にかまわず行ってください
これは勝負なのだから
情けは無用です
そうだ
僕にとって大切なものを賭けた戦いでもある
遠慮はせんよ
あの時の・・・
ハァ
ハァ
グギッ

この谷を越えれば
あとは大津山の頂まで一直線のはず
ヒュウウウ
ガッ
そうはさせるか！
あっ
吉地組参上！
立花よ橋がなければおしまいだな
組長！
え？
グワァアア

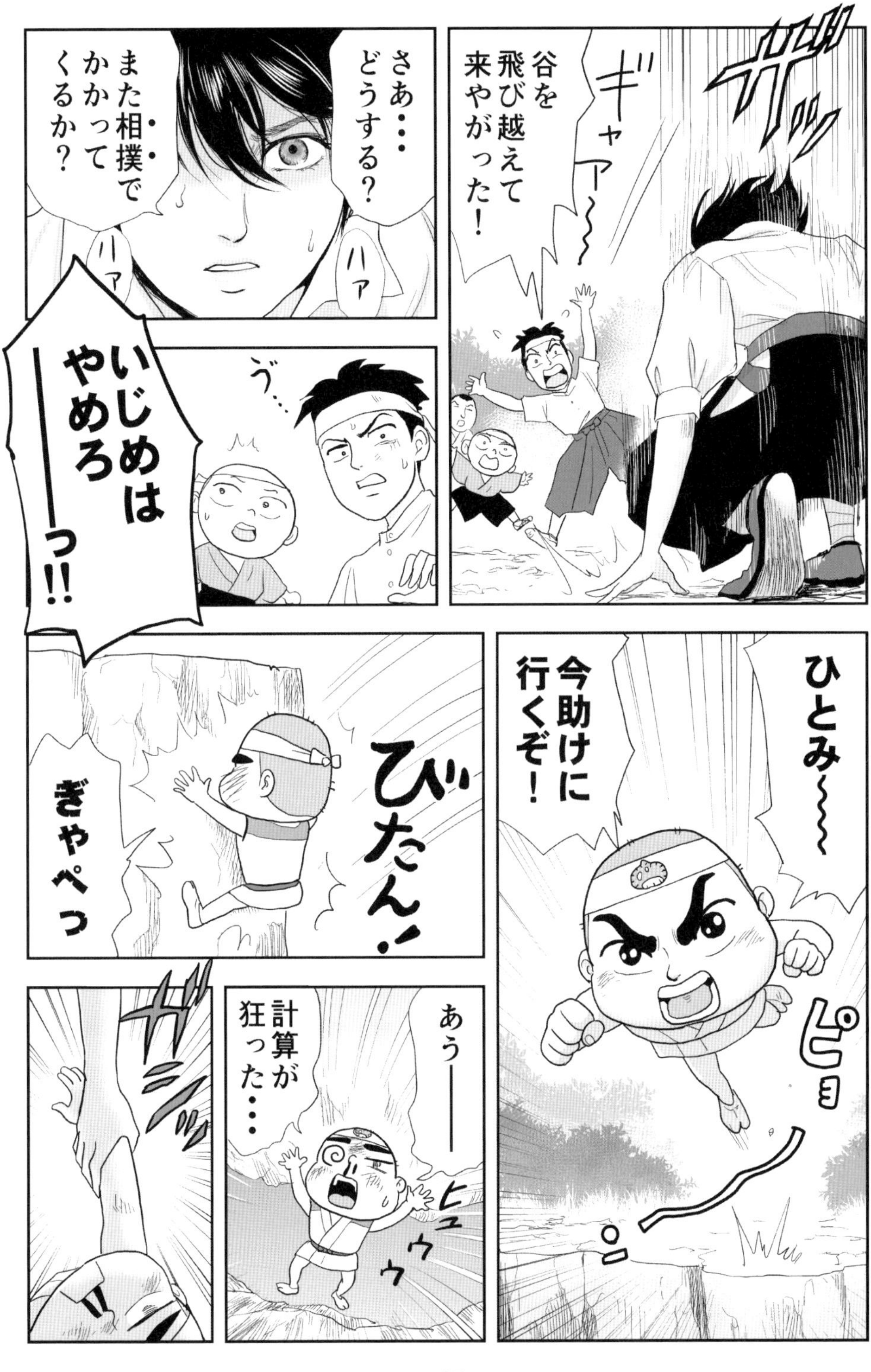

ザッ
ギャア〜〜
谷を飛び越えて来やがった！
さあ・・・どうする？
ハァ
ハァ
また相撲でかかってくるか？
う…
いじめはやめろ——っ!!
ひとみ〜〜〜
今助けに行くぞ！
ピョ〜〜ン
びたん！
ぎゃぺっ
あう——
計算が狂った・・・
ヒュウウ
ガシッ

ひとみ！
組長！先に行った藤堂を早く追わないと！
お・・・おう！行くぞ！
あ・・・ありがとう
ハァ
ハァ
ううっ
あ・・・足が
大丈夫!?
近寄るな！

行け
もうこれ以上
僕に干渉するな
僕は負ける
これでいいんだ
しょせん…
女だから
……
いや！
君は…
負けない
乗るんだ！
僕が君を
つれていく！

なに・・・?
さあ早く!
馬鹿にするな
あきらめてなんかない!
僕は・・・勝つよ!
同情なんかいらない
お前は勝負をあきらめるのか!?
吉地組のみんなにも
藤堂さんにも!
僕は君と一緒に勝ちたいんだよ!
信じてよひとみ!

甘いよ・・・
馬鹿なやつだ
四三
お前は甘い！
さあ行くよ！
金栗四三の本当の力を見せてやる！
えっ・・・？
こ・・・これは！

速い・・・!!
ビビ
オォオヨ
四三⁉
何だと⁉
うおおおぉお
ビビ
ゥウ
バ・・・
バカな〰〰っ!!
ひとみ・・・
何もかも
君のおかげだよ
君が教えて
くれたんだ
〝走る〟って
ことを・・・
走る
楽しさを!

だからね・・・僕が走ることは君が走るのと同じなんだよ
体はべつべつでも
心が一つになれば
勝てる！
ああ・・・感じるよ
四三の体の動き体重の移動呼吸・・・それに心臓の鼓動も
そうか・・・！四三の動きに合わせて僕も動いてやれば
少しでも負担を軽くしてやれる
右足の着地では重心を左に
蹴り上げる時は一緒に跳ねて
まるで人馬一体の騎馬武者のように！

見えた！大津山の梅の木だ！
金栗君・・・ひとみ!?
うおおおお
ドドドド
何を！抜かせん
かつては海軍兵学校一の俊足と呼ばれたこの藤堂衛が
負けるわけには・・・

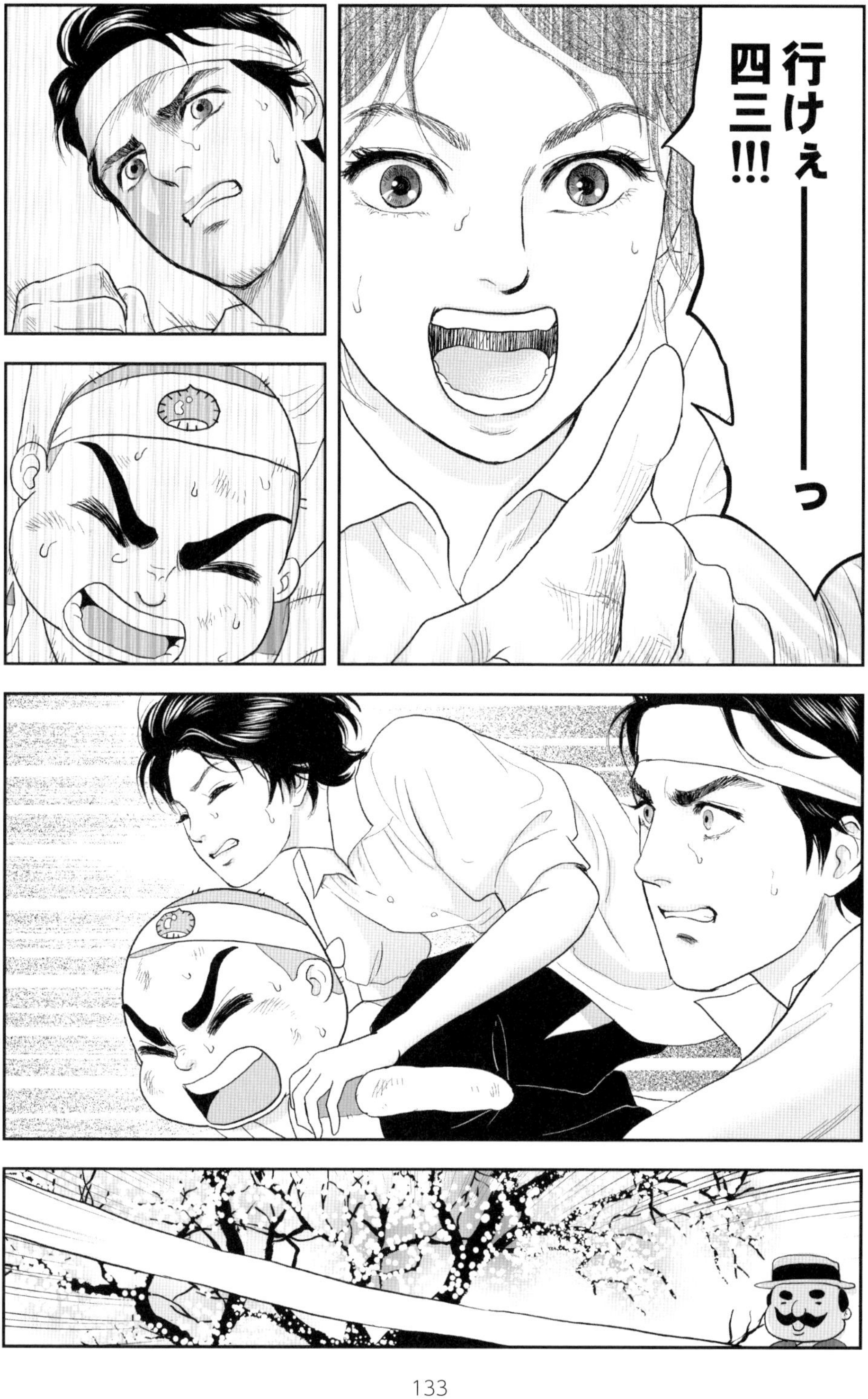
行けぇ――――っ
四三!!!

僕らが1等だ———!!!
ああ…分かった
ひとみ…やっぱり君は
その少年が本当に好きなんだね
み…見えん

第3章　「黎明《れいめい》の鐘」編

精力善用
自他共栄

嘉納治五郎

KANAKURI

わあ〜〜〜っ何これ!?
初めて見た
金栗《かなくり》 四三《しそう》 18歳
玉名中学(現玉名高校)
4年生
サンドイッチって言うんだよ
東京にいた頃食べたことがあって
まねして作ってみた
どうぞ!
う――む
パンに肉とかちぃずが挟んであるのか
いやいやこんなのがうまいわけが……
まさか〜
パク

んまか!!
ほなこて!
プ
なあに?その変な顔!
え
ほらもう1個食べて!
もご
んまか!!
まうごつ!
アハハハ変なの!
いやあ本当においしいねこれ
パクパクパク
よぉ――し!うまいもの食べて力がわいてきた!
ちょっとひとっ走りしてくるよ!
うおおぉ
ドドドド

いい走りだよ
四三
う・・・
ゴホッ
ゴホゴホッ
ゴホッ
ハァ・・・
ハァ・・・
また・・・
いつもの
発作が

ひとみぃ〜〜絶好調だよ――
ビュー…ン
四三・・・君が東京高等師範学校の受験に合格した話が広まって
村ではたいへんな騒ぎになってるそうだね
ハァー それで僕も悩んでるんだよ
ちょっと試しに受けたらたまたま受かっただけなのに・・・
金栗家ばんざーい
ワーワー
ようやった四三！
我が一族の誇りばい！
パチパチパチ
え？え？
うちってこんなに親戚いたの？

四三！死んだ父さんも喜んどるぞ
ほら！なんとなくにこっとしとるだろ
はぁ・・・
・・・・・
てな具合で
毎日毎晩お祭り状態
本当はね・・・海軍兵学校に入って
藤堂さんみたいな軍人になれたらかっこいいなぁって気持ちもあるんだ
ぎゅっ
四三・・・私は
君には戦争に行ってほしくないな
ひとみ・・・
階級章も武器も軍服もいらない

私は・・・
ただの人間の
四三が好きだよ
師範学校・・・
いいんじゃない？
きっといい
先生になるよ
私も四三の
学校の生徒に
なりたいな
フフ・・・
ジ
ひとみ
君こそ僕の
先生だよ！

1910年（明治43年）
高瀬《たかせ》駅
（現在の玉名駅）
四三
東京でもしっかりやるんだぞ！
僕は故郷の玉名を離れ東京高等師範学校に進学することにしたのだった
兄ちゃん〜〜
四三！吉地組のこと忘れんなよ
組長・・・まさちゃん
だけどそこに彼女の姿はなかった
ポー
ガシュ
ガシュ
ガシュ

四三ー
タタン
タタタン
さよなら
みんな・・・
さよなら
僕の古里
シュシュ
ポ
ポ
ザッ
四三ーーーッ!!!
ガラッ
あ・・・
ああ

ひとみ!!
さよならなんか言わない！
私に誓うんだ！
ガタタン
ゴトトン
たとえどんな場所にいてもどんなことがあっても君は
金栗四三は走り続けると！

走っていれば私は必ず四三を見つける！
タタタン
必ずまた会える！
タタン
だから四三・・・
誓うよ！
タタン
僕は走り続ける！
立花一実《ひとみ》！
君も・・・走り続けるんだよ
僕が君を見つける
ひとみ！僕たちはずっと・・・
ずっと・・・

ポォオーーッ
ありがとう 四三
私も・・・ 誓うよ
我が日本国の将来は・・・ 君たち青年にかかっている
諸君は「広い知」「清潔な心」「たくましい体」の完成を目指し

偉大な教育者となるべく自身を鍛えぬいていただきたい！
東京高等師範学校 校長 嘉納治五郎《かのうじごろう》
講道館柔道の創立者としてすでに有名だった嘉納治五郎
彼は特に「体育」を重んじ学生全員が何らかの運動部に所属することを義務付けていた
"スポーツ"という文化がまだなかった時代のことである
ム？
スッスッ
ハッハッ
はっ…速い！
何だあいつは!?

あの者・・・小柄だが足が速いな
ああ地歴科で徒歩部の金栗ですよ
熊本の山奥から出てきた野生児ですな
待てーーーい金栗!
今日こそ決着をつけてやるぞ
ドドド
ドドド
ゲッ
柔道部の徳《とく》さんだ!
どありゃあああ
ぬおっ
ヒョイ
へへ・・・徳さん

今日も1本もらったよ
金栗〜〜〜ッ
まだまだァ
シバババ
ヒョイ
ヒョイ
あれは何をやっとるんだ?
ハァ…何やら柔道とかけっこを融合した
異種目対決の新競技だとか…
まったくふざけた問題児どもでして…
プ
ハハハハハ
柔道とかけっこの対決か…それは面白い!
見ろ!
我が柔道の方が負けておるではないか?
ズダーン
校長?
うれしそう…

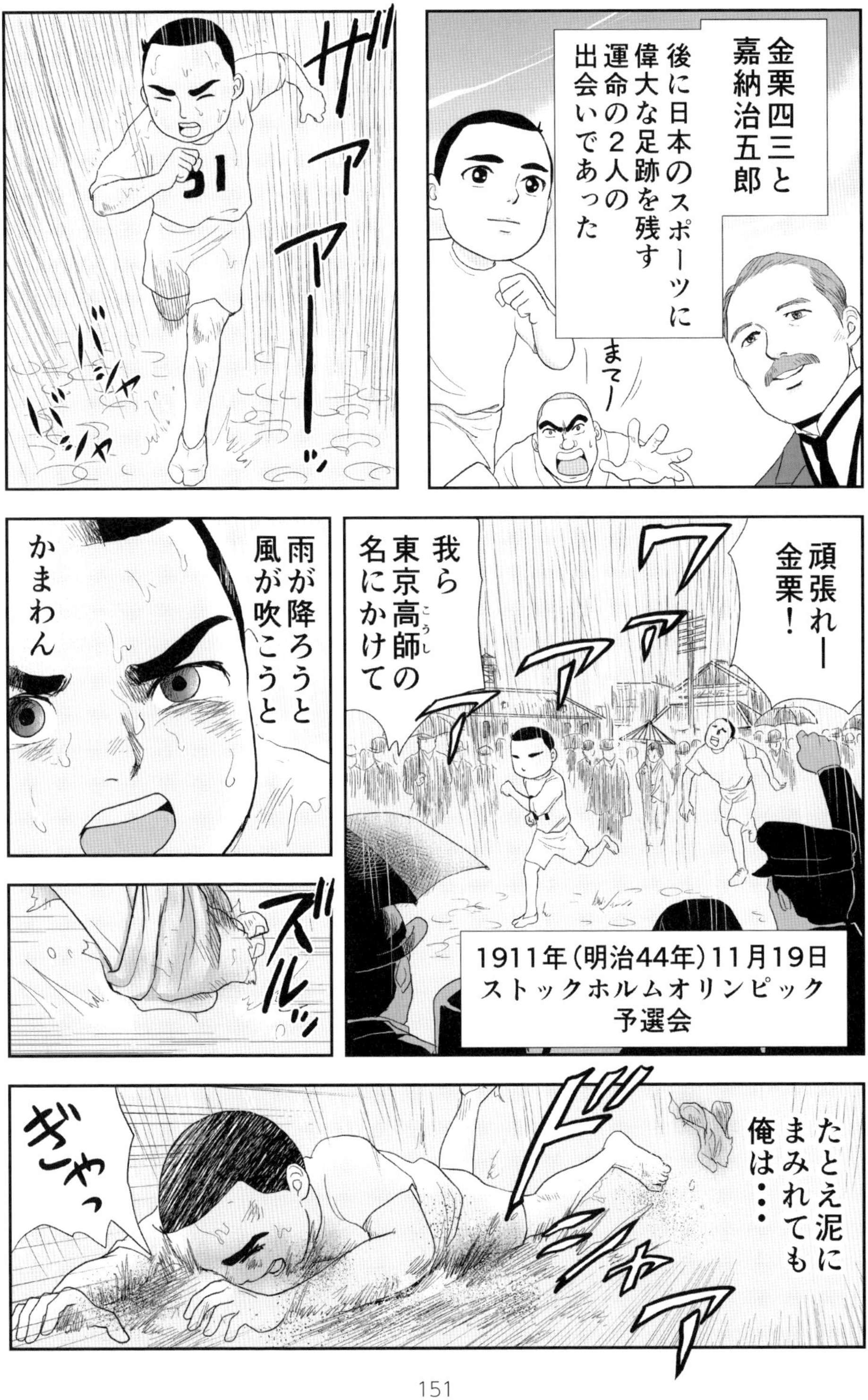
金栗四三と
嘉納治五郎
後に日本のスポーツに
偉大な足跡を残す
運命の2人の
出会いであった
まてー
ザァアアーーッ
バシャ
バシャ
頑張れー
金栗！
我ら
東京高師《こうし》の
名にかけて
ワァアアア
1911年(明治44年)11月19日
ストックホルムオリンピック
予選会
雨が降ろうと
風が吹こうと
かまわん
ズルッ
たとえ泥に
まみれても
俺は・・・
ドシャァア
ぎゃっ

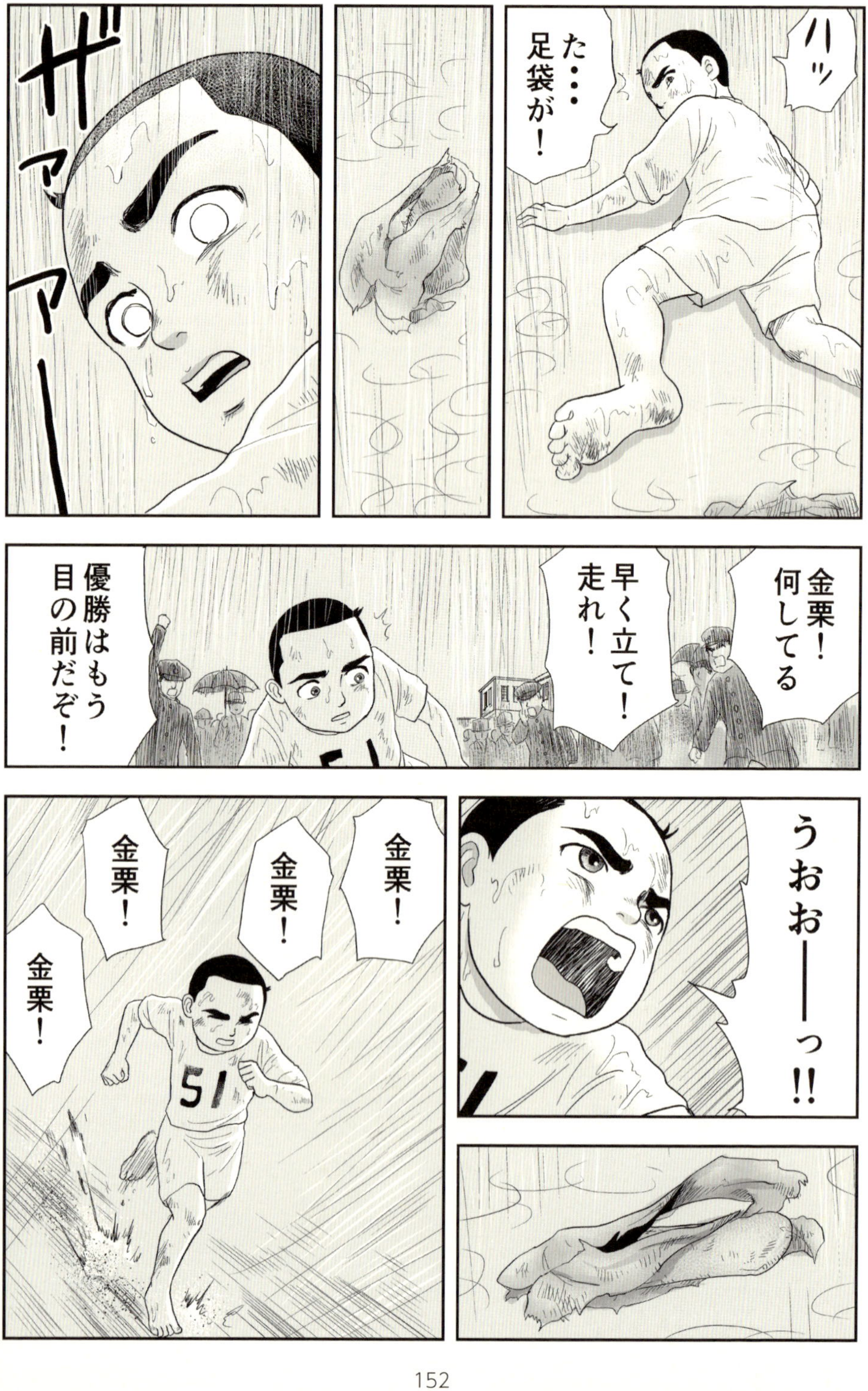
ハッ
た・・・足袋が！
ザァァー
金栗！何してる
早く立て！走れ！
優勝はもう目の前だぞ！
うおおーーっ!!
金栗！
金栗！
金栗！
金栗！

金栗四三
俺は・・・
どこまでも
走り続けるんだ！
記録は⁉
2時間32分
45秒・・・
オォォォ
せ・・・
世界記録だ！
ウソ・・・
だろ⁉
こんな
はずは・・・

ワァアア
彼だ・・・!
彼こそ私が探し続けてきた男
この国にスポーツという新たな文化をもたらす
黎明《れいめい》の鐘だ!!
この時金栗が出した25マイル(約40キロ)マラソンの記録は当時の世界記録を27分も縮めたものだった
OLYMPIC
あまりの記録に距離や時間の計測方法が疑われたが・・・ともあれ日本中が彼のオリンピック優勝を信じたのである
ザザァ…
そして―すべてが終わった

1912年9月18日
ストックホルム五輪
日本代表選手団は
神戸港に帰港した
帰国してみると
明治の世は終わり
「大正」に改元
世も人々も
まるで違う
日本がそこに
あった
金栗選手
大会を終えての
所感を一言
結果は
残念です
4年後を
期して
努力します
途中棄権となった
原因は何ですか？
日本代表としての
責任をどう考えて
いるんですか？
世間では
多くの批判が
寄せられて
いますが・・・
疲れた・・・

4年後なんて
どうでもいい
玉名に
帰りたいよ
ひとみ・・・
東京高等師範学校
寄宿舎
金栗のやつ
……
あわれだな
大会前の予選で
世界記録なんか
出して有名に
なっちまった
もんだから
今じゃ
日本中から
非難の的だ
俺だったら
みっともなくて
帰って来れんよ
大福でも
食え・・・
金栗
徳さん
もぐ
もぐ

気にするな
次がある
次・・・か
金栗！
お前まずいよ！
ドタドタ
軍が・・・お前に用があるって来てるぞ！
海軍の青年将校が！
軍・・・!?
ザザッ
国賊めが！
カタカタ
あっ

藤堂《とうどう》・・・衛《まもる》さん！
金栗君
お久しぶりです！
いやあ・・・玉名での遠歩大競争以来ですね
あの後藤堂さんはロシアとの日本海海戦に出られて
大活躍したって聞いてますよ
どうぞ中に
あまり時間はないんだ
今日は・・・君に用件だけ伝えに来た
え？

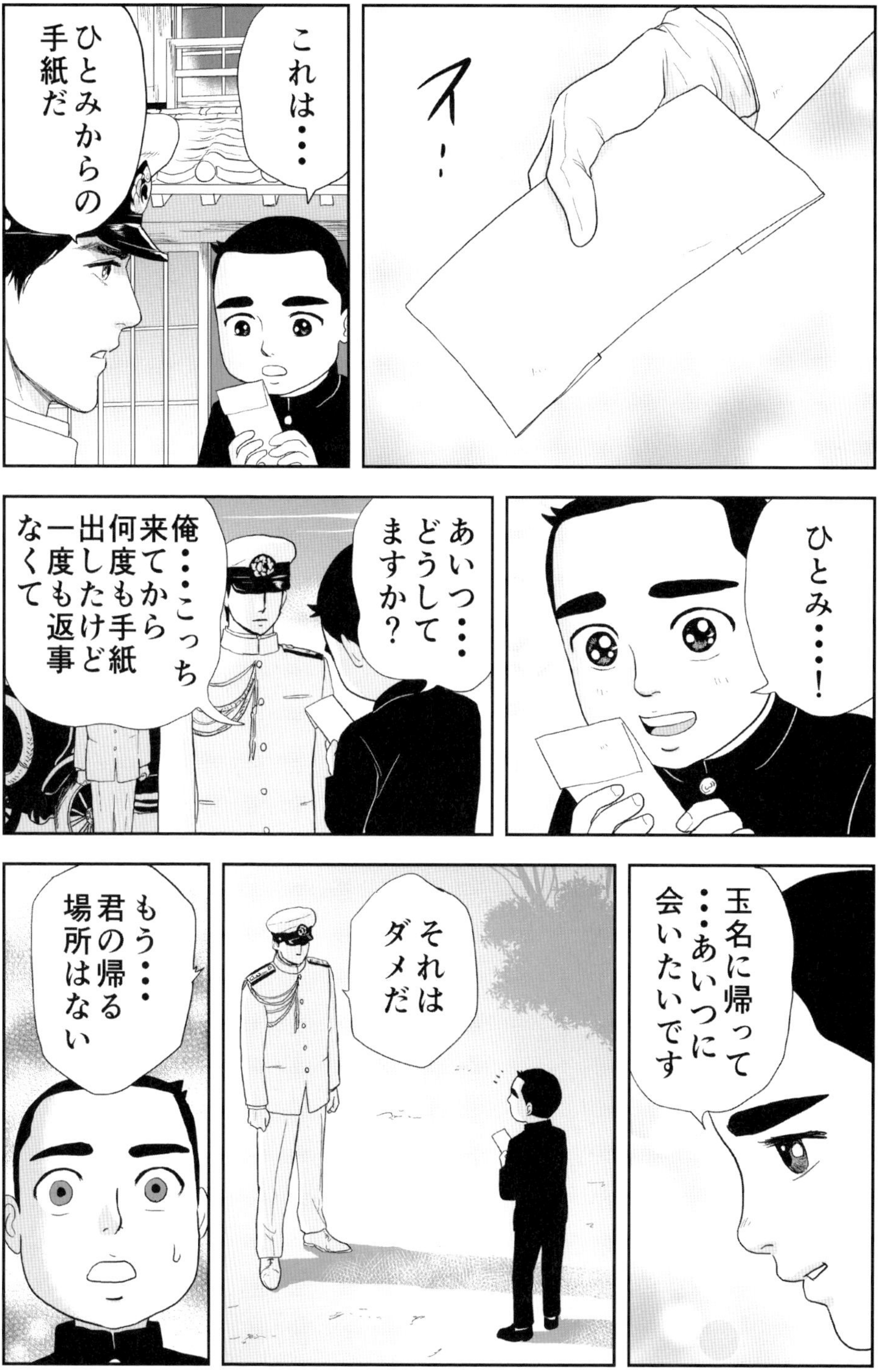
これは・・・
ひとみからの手紙だ
ひとみ・・・！
あいつ・・・どうしてますか？
俺・・・こっち来てから何度も手紙出したけど一度も返事なくて
玉名に帰って・・・あいつに会いたいです
それはダメだ
もう・・・君の帰る場所はない

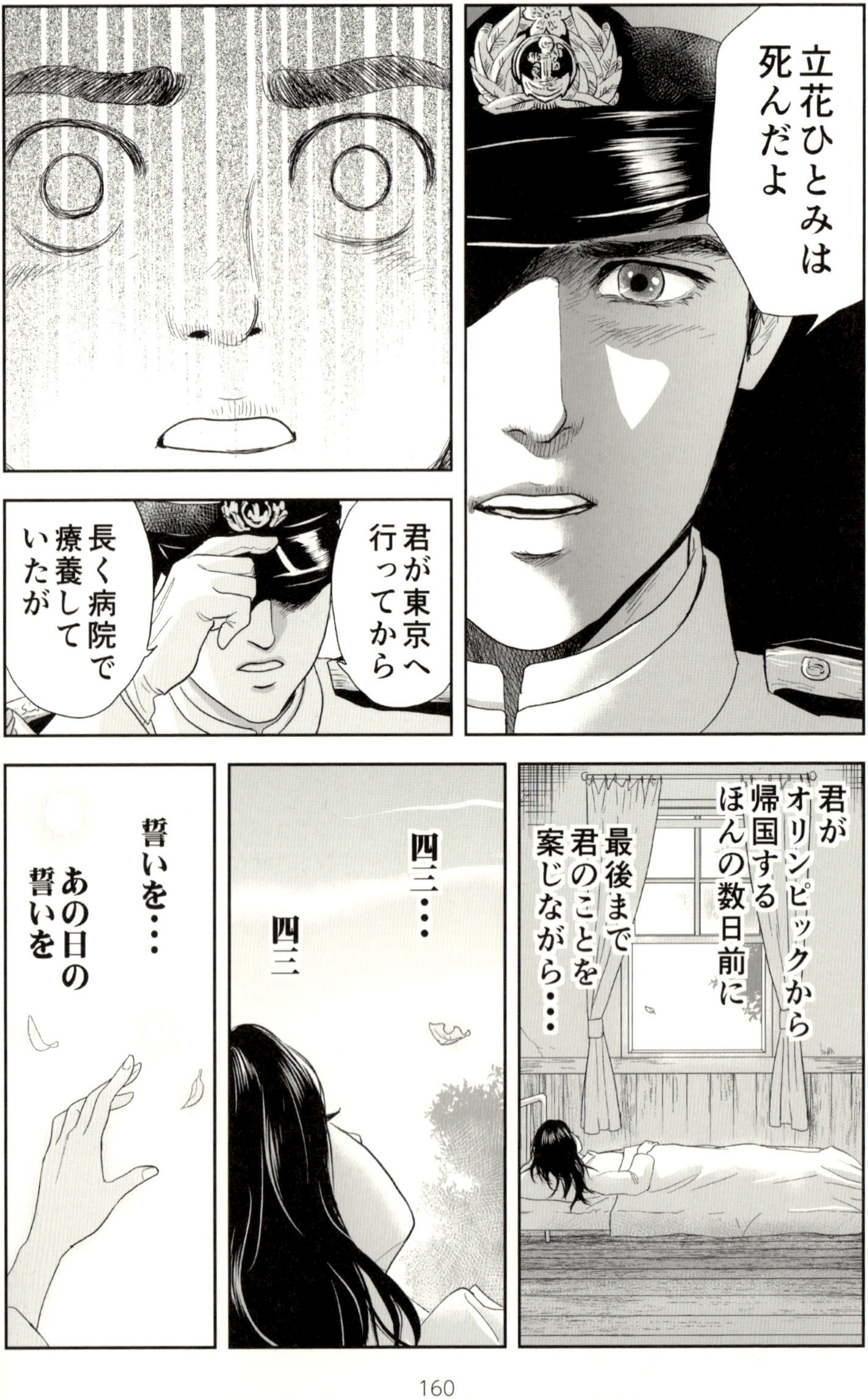
立花ひとみは
死んだよ
君が東京へ
行ってから
長く病院で
療養して
いたが
君が
オリンピックから
帰国する
ほんの数日前に
最後まで
君のことを
案じながら・・・
四三・・・
四三
誓いを・・・
あの日の
誓いを

死んだ……？
ひとみが……死んだ？
それじゃ
ブロロ…
ドガシャアッ
金栗！
おい！しっかりしろ！
金栗！

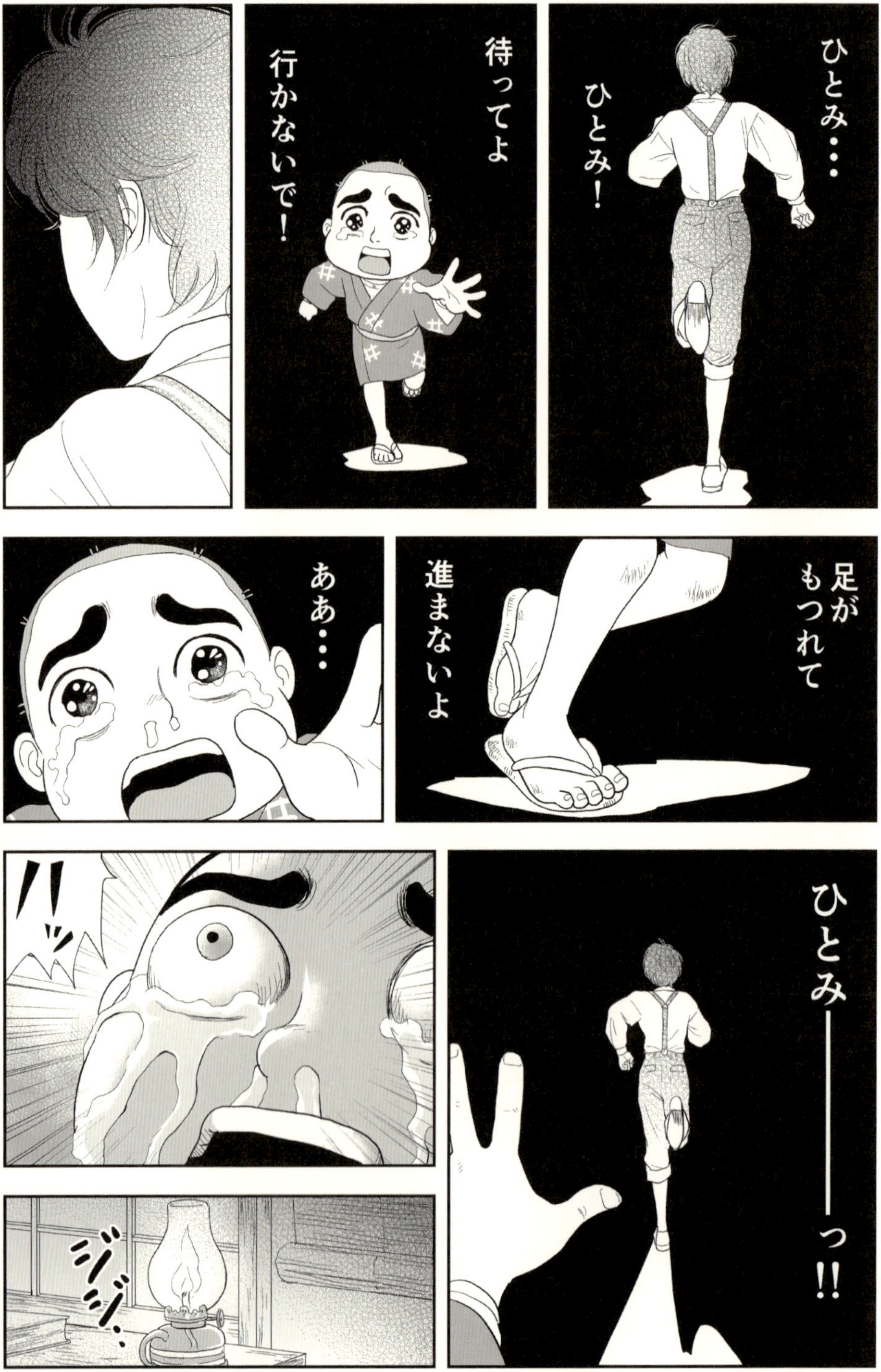
ひとみ・・・
ひとみ！
待ってよ
行かないで！
足がもつれて
進まないよ
ああ・・・
ひとみ――――っ!!
!!ッ
ジジジ・・

おい・・・
あの学生
LAGER BEER
フフ・・・
フフフフ
トク
トク
グイッ

もっと・・・
もっと酒持ってこい
この俺を誰だと思ってる!?
マラソンの金栗四三・・・・・・だろ?
お客さん飲みすぎだよ
なにィ
ガタッ
いいか!俺はなァ
えっ
ザワ
ザワ
金栗四三って・・・・・・あの!?
そう・・・帝国を代表してオリンピックにのこのこ出場し
マラソン競技で最後まで走りぬく根性もなく・・・
途中で行方をくらました大まぬけだ

恥が 服着て
歩いていやがる
なんだとォ!
ガッ
ザ
ケンカなら
喜んで買うが
ここは俺の
なじみの
店でな
表へ出ろ

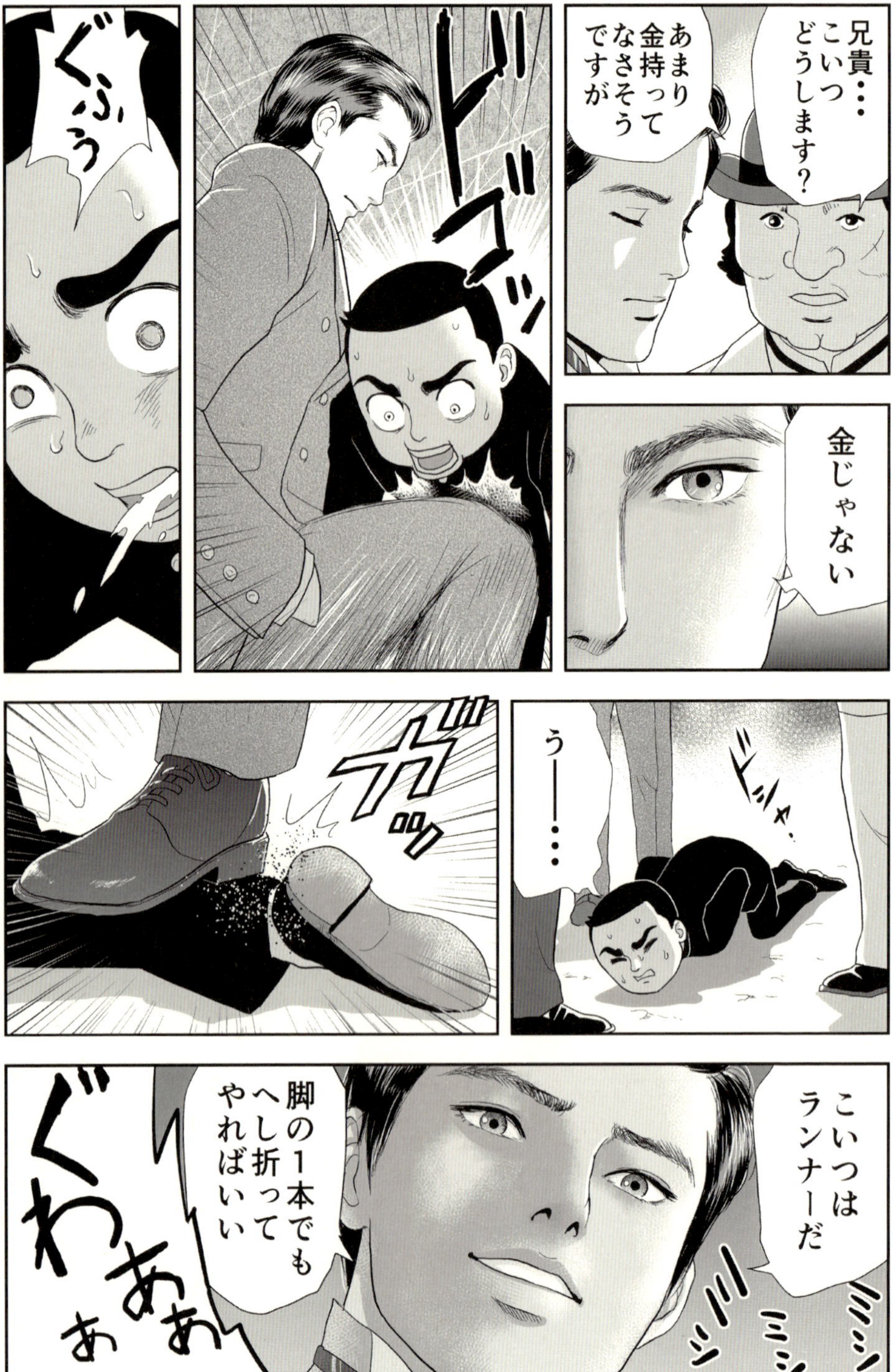
兄貴・・・
こいつどうします？
あまり金持ってなさそうですが
金じゃない
ドゴッ
ぐふう
う――・・・
ドシャ・・
ガッ
こいつはランナーだ
脚の1本でもへし折ってやればいい
ミシミシミシ
ぐわあああ

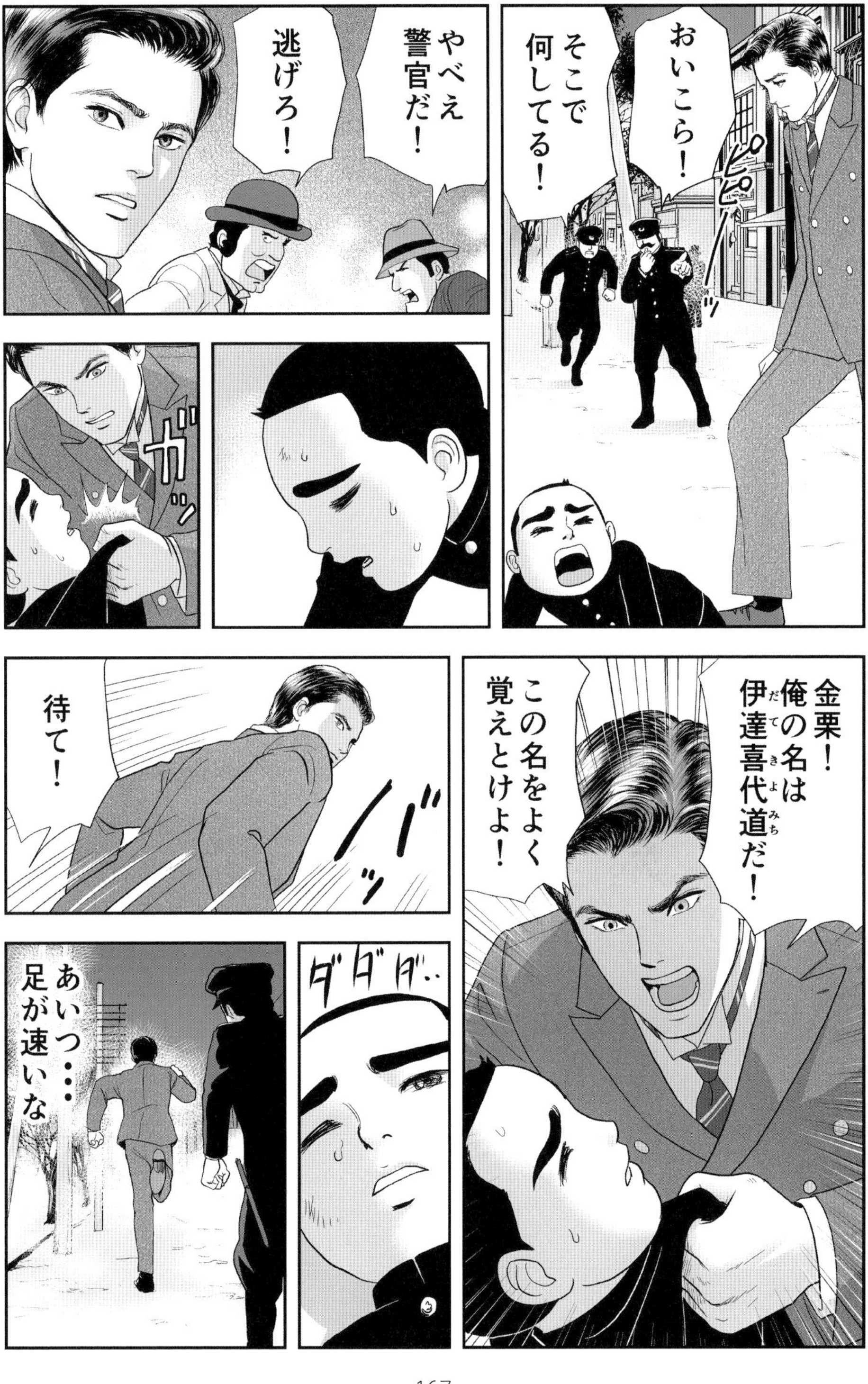
おいこら！
そこで何してる！
ピピーッ
やべえ警官だ！
逃げろ！
ガッ
金栗！
俺の名は伊《だ》達《て》喜《き》代《よ》道《みち》だ！
この名をよく覚えとけよ！
待て！
バッ
ダダダ‥
あいつ…足が速いな

昨夜は警官に助けられたそうでして
少しでも目を離したら何をするか・・・困ったもんです
チリーン
金栗君・・・
金栗君
う・・・
ボヤー・・・
嘉納先生！
ハッ

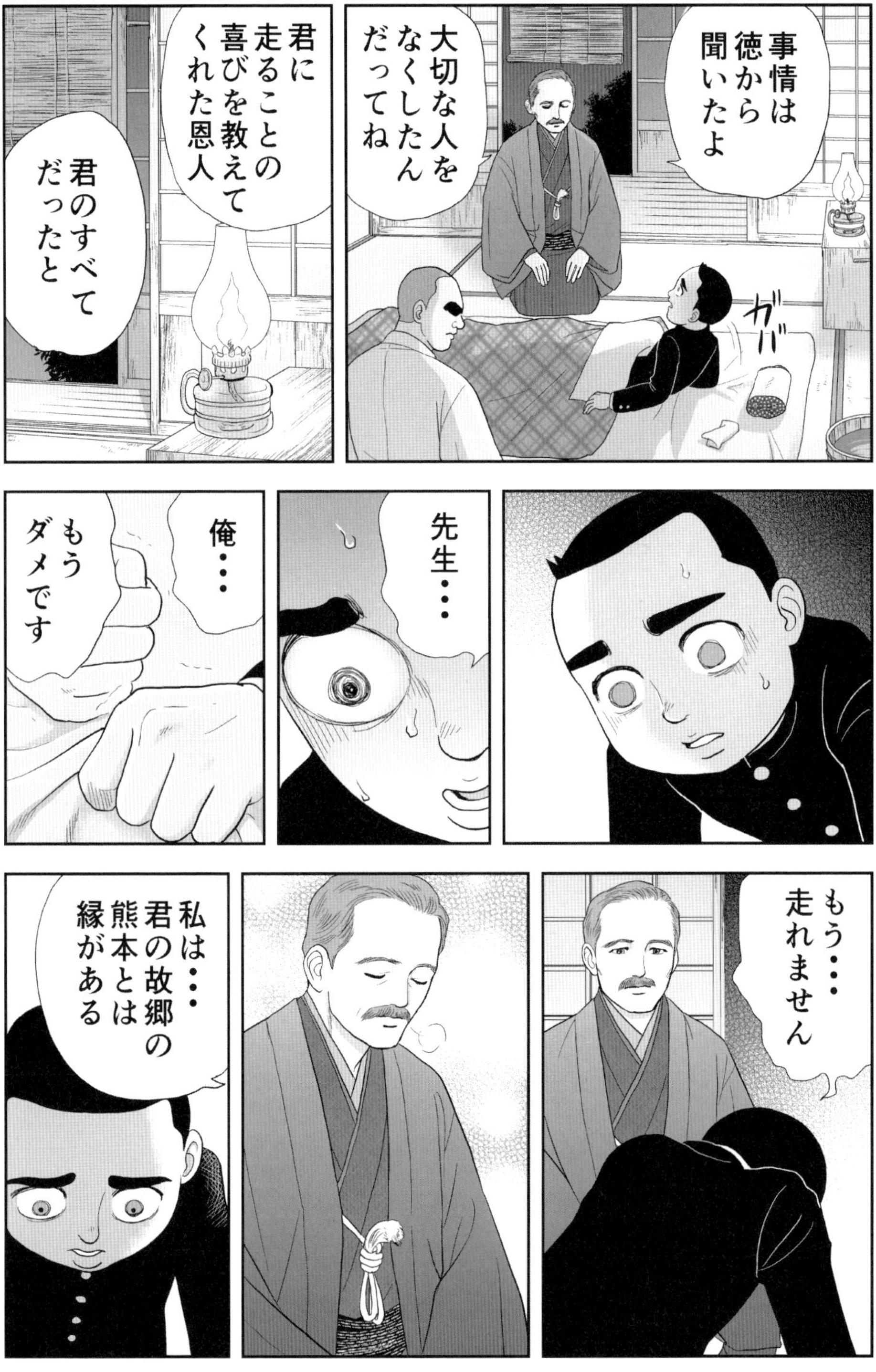
事情は徳から聞いたよ
大切な人をなくしたんだってね
ガバ
君に走ることの喜びを教えてくれた恩人
君のすべてだったと
先生・・・
俺・・・もうダメです
もう・・・走れません
私は・・・君の故郷の熊本とは縁がある

＊私自身五高の校長を務めていたこともあったし
家内の田舎は天草でな
そして・・・君とは共にオリンピックの夢を見た
ええ・・・悪夢でした
俺がストックホルムに行かなければ・・・ひとみの死に目にも会えたかもしれない
おい！金栗
金栗君
実を言うと私はね
時々家内に冷たくされることがあるんだ
家内の好きな歌舞伎の役者などと比べられて・・・肩身が狭いよ
？
家族と1つ屋根の下で暮らしておっても
心は遠――――くに感じたりな
＊旧制第五高等中学校（現在の熊本大学）

つくづく男とは辛い生き物だな・・・
はぁ・・・
だが・・・君と彼女は違うのだろう
私は実にうらやましくもある
金栗君・・・人はたとえ生と死の境《さかい》に別れ離れ離れになったとしても
心が1つならば側にいるのも同じではないか
彼女は今も君と共にある
君が走り続ける限り共にな
人の絆とはそういうものだと私は思う

だがもし君がすべてをあきらめてしまったら
それこそ本当に2人の心が離れる時だ
君に賭けた私の夢も終わる
金栗・・・これはその大切な人からの手紙だろう
読んでやれ
パサ

四三
もう一度立て
立花一実
四三
もう一度立て
もう一度
ストックホルムオリンピ
マラソン大競走
金栗四三 屈辱
無念の途中棄権
立て・・・!

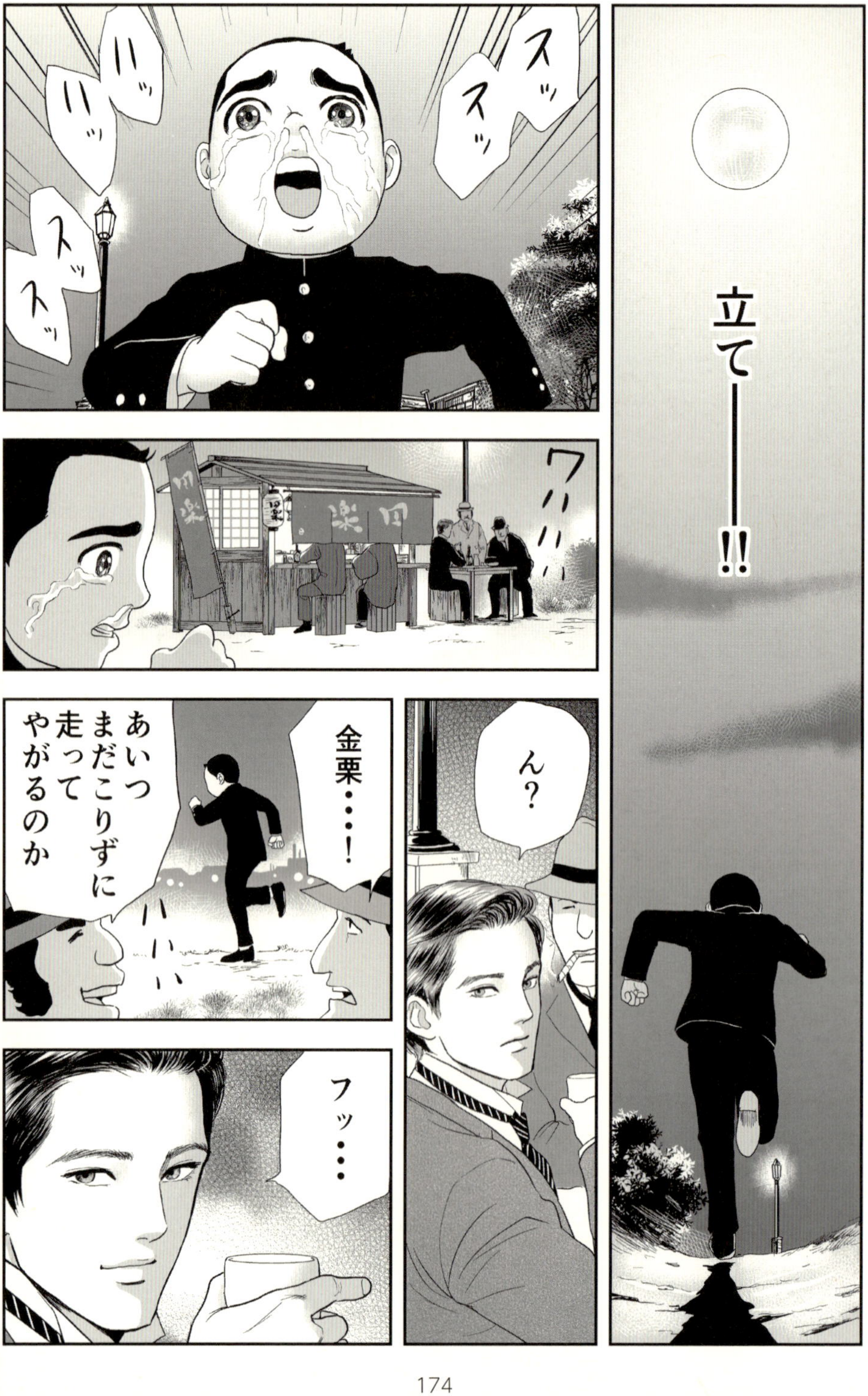
立てーー!!
スッスッ
ハッハッ
スッスッ
ワハハハ
ん?
金栗・・・!
あいつまだこりずに走ってやがるのか
ハハハ
フッ・・・

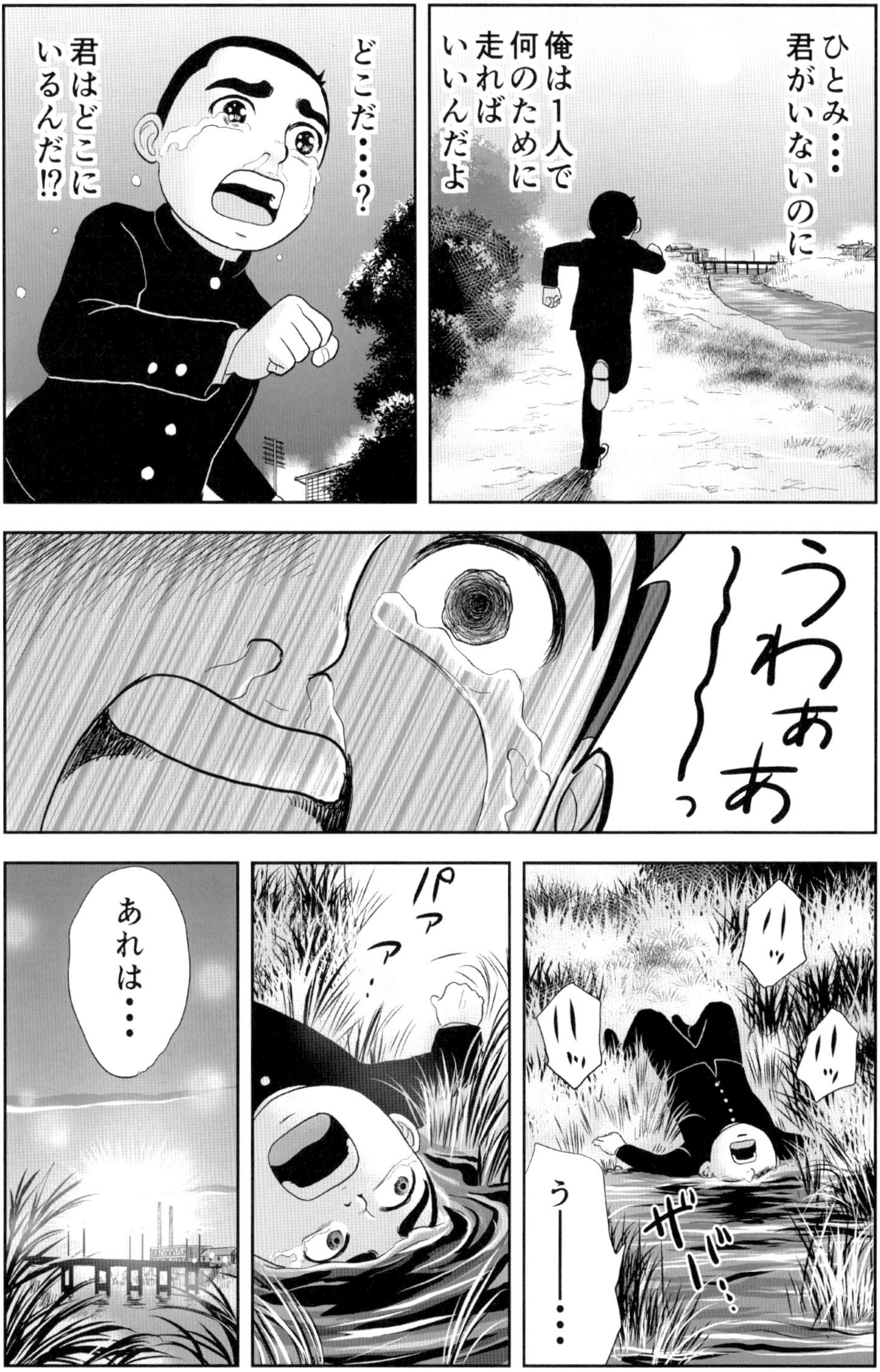

ひとみ・・・
君がいないのに
俺は1人で
何のために
走ればいいんだよ
どこだ・・・？
君はどこにいるんだ!?
うわぁあ〜〜〜っ
ザバー‥
う――・・・
パァァ‥
あれは・・・

朝日が昇る・・・・・・!
彼女は今も君と共にある
君が走り続ける限り共にな
昼も夜もずっと・・・絶え間なく
太陽と月は追いかけ合う
俺が走る時
君も走る
そういうことなのか!?

ひとみ・・・
君はここにいるんだね！
俺の中で・・・君も走っているんだね
俺・・・そう信じるよ！
あんたがたどこさ肥後さ
テン
熊本どこさ
肥後どこさ熊本さ
テン

スヤさん・・・
楽しみだね
旦那様に
お会いできる
のが・・・
どうでしょ
ウフフ
私のこと
気に入って
下さるかしら?
ポーン
金栗四三様
・・・・・・

第4章　「激闘！マラソン人生」編

体力
気力
努力

金栗四三

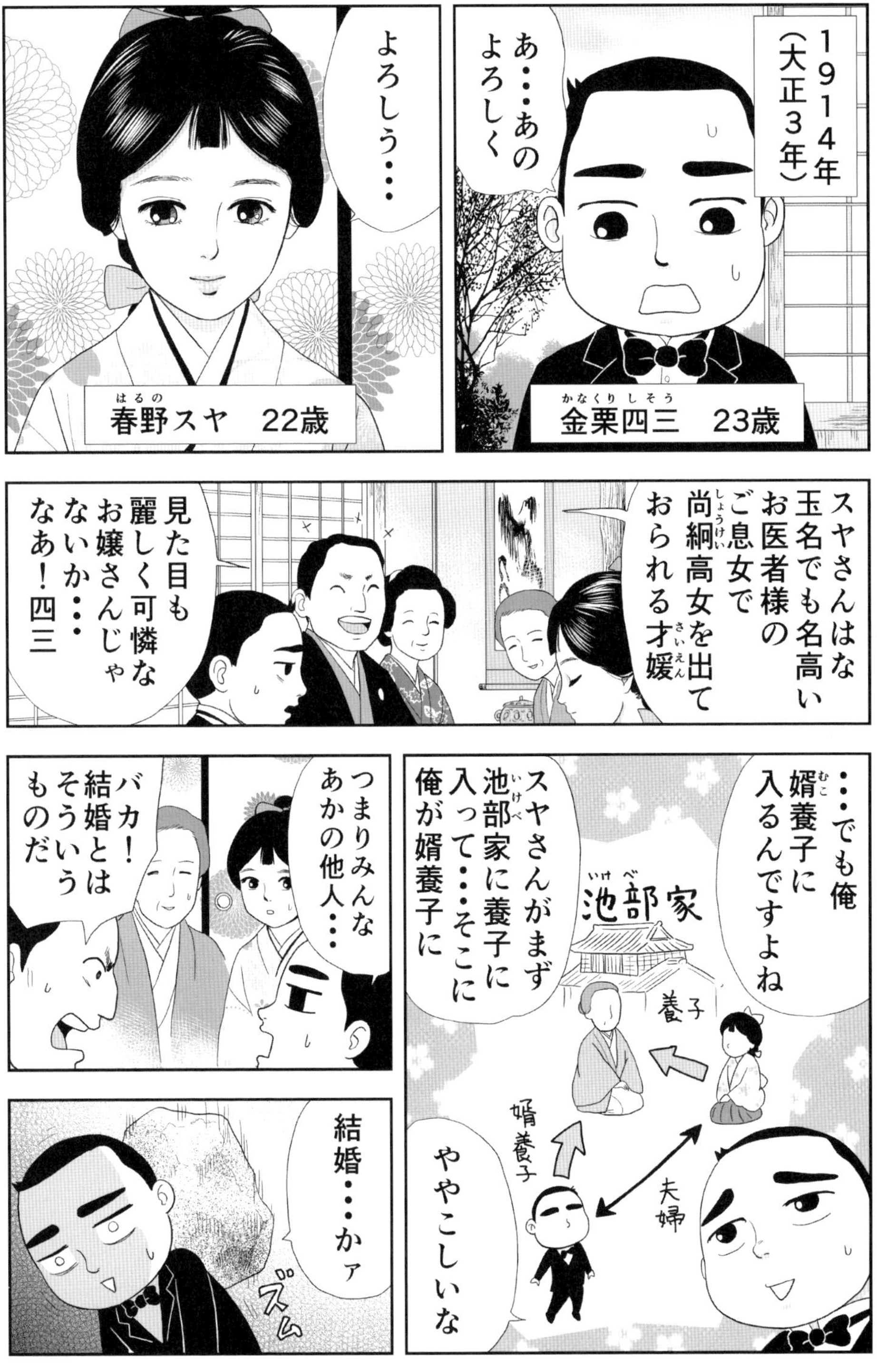

1914年（大正3年）
あ・・・あの よろしく
金栗四三《かなくりしそう》　23歳
よろしう・・・
春野《はるの》スヤ　22歳
スヤさんはな 玉名でも名高い お医者様の ご息女で 尚絅《しょうけい》高女を出て おられる才媛《さいえん》
見た目も 麗しく可憐な お嬢さんじゃ ないか・・・ なあ！四三
・・・でも俺 婿《むこ》養子に 入るんですよね
スヤさんがまず 池部《いけべ》家に養子に 入って・・・そこに 俺が婿養子に
池部《いけべ》家
養子
婿養子
夫婦
ややこしいな
つまりみんな あかの他人・・・
バカ！ 結婚とは そういう ものだ
結婚・・・かァ
ズム

何だろう…この閉じ込められた感
ひえ〜〜っ
自由をくれ〜
ひとみ…
俺はまだ本当は…
スヤさんあの〜…
はい…
マラソンとか走るのって好きですか？
マラソン…
いえ…ごめんなさい
あ…そ
それじゃあ武道は？剣道とか柔道とか
め〜ん

ごめんなさい
いや・・・別に謝らなくても
じゃあ・・・球技！球技はどげんですか？
テニスとか
あたふた
四三様
私《わたくし》はあまり運動を好みませんの
ご理解いただけます？
あう・・・
あなたにはあなたのやりたいことがあるのでしょう？
私は私で楽しく暮らす・・・それでいいではありませんの？
寒《さぶ》い・・・！
ヒュオオオ
全否定やめて・・
かくして・・・

金栗四三結婚！
ドドォーーン
めでたや～
ワホホホ
私は私で楽しく暮らすって？？
それなら別に独りでもいいんじゃ・・・
ガハハハハ
・・・・・・
ワハハハ
結婚式からわずか5日後
金栗は単身東京へ戻らねばならなかった
次なるベルリンオリンピックを目指すために
じゃ・・・行ってくるばいね
行ってらっしゃいまし

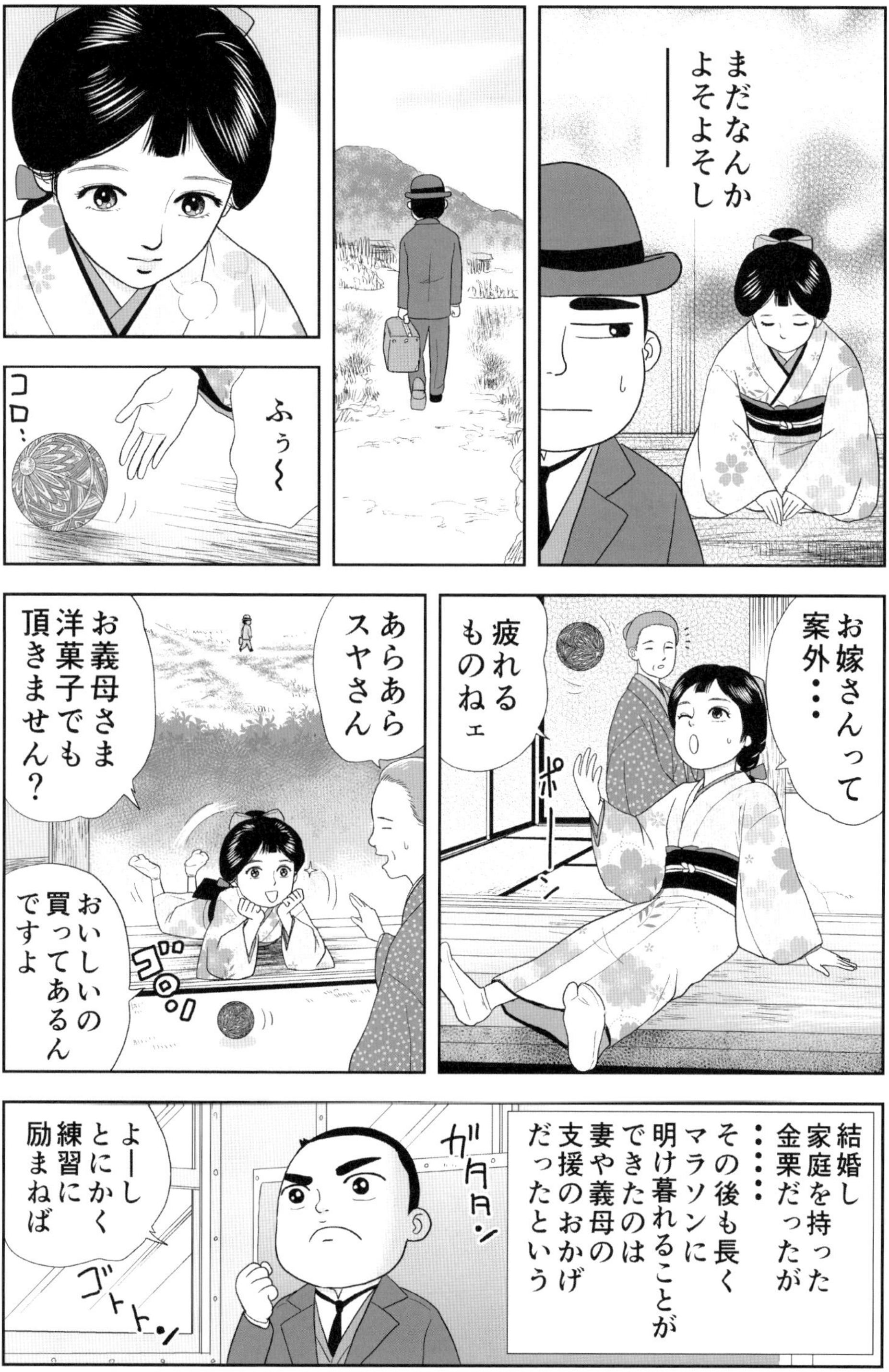
まだなんかよそよそし――
ふぅ〜
コロ…
お嫁さんって案外・・・
疲れるものねェ
ポーーン
あらあらスヤさん
お義母さま洋菓子でも頂きませんか？
おいしいの買ってあるんですよ
ゴロッ
結婚し家庭を持った金栗だったが・・・・・その後も長くマラソンに明け暮れることができたのは妻や義母の支援のおかげだったという
ガタタン
ゴトトン
よーしとにかく練習に励まねば

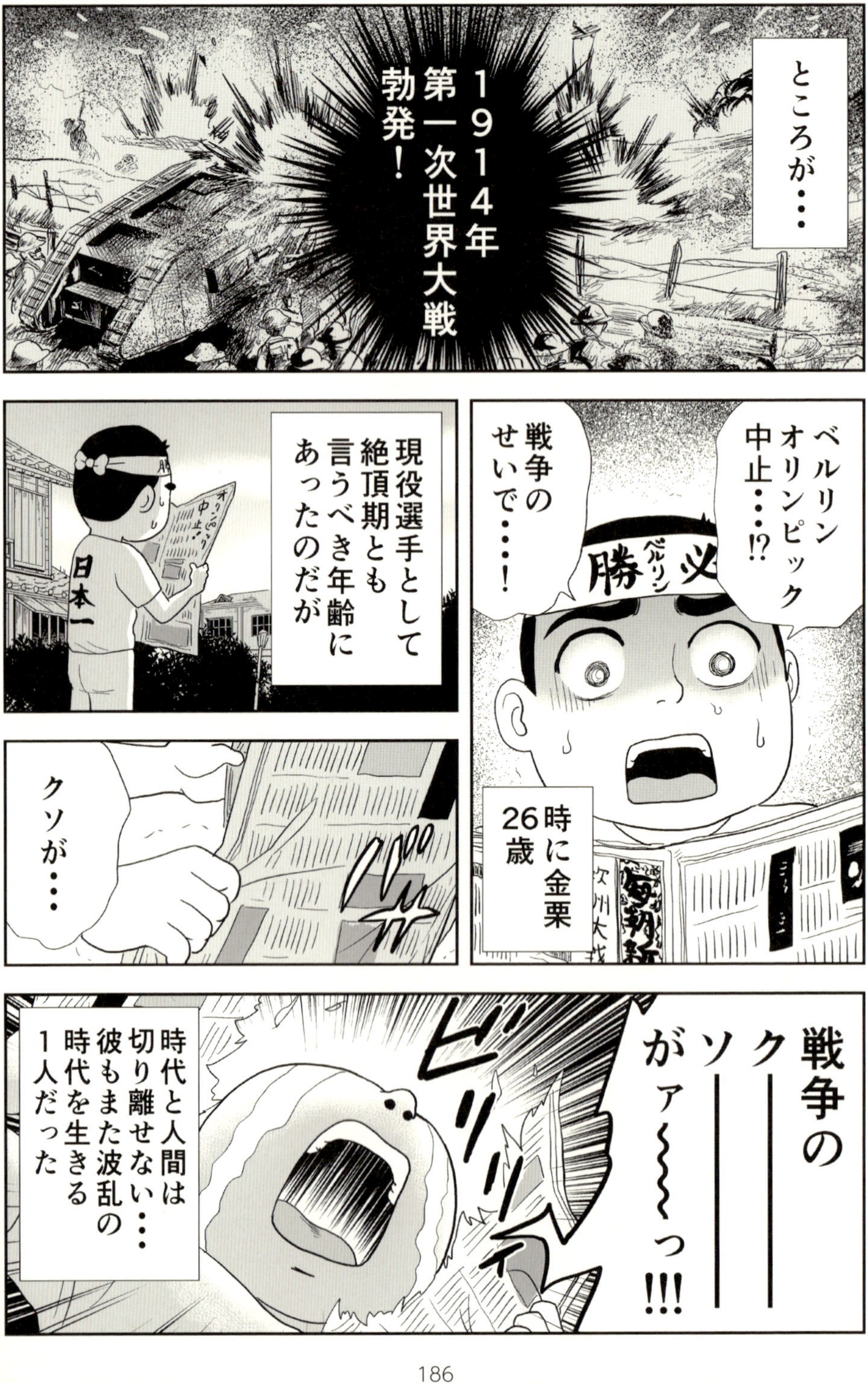
ところが・・・
1914年
第一次世界大戦
勃発!
ベルリン
オリンピック
中止・・・!?
戦争の
せいで・・・!
必勝
ベルリン
時に金栗
26歳
現役選手として
絶頂期とも
言うべき年齢に
あったのだが
日本一
クソが・・・
バッ
戦争の
クーーー
ソーーー
がァ〜〜〜っ!!!
ビリリィ
時代と人間は
切り離せない・・・
彼もまた波乱の
時代を生きる
1人だった

ベルリン五輪の
中止にもめげず
金栗は東京高師の
後輩と共に
富士山での特訓を
始めた
現代の「高地トレーニング」の
先駆けである
箱根駅伝や
東海道五十三次
駅伝など
この時期の金栗は
日本マラソンの
強化のために
数々の企画を
立ち上げたの
だった
富士登山マラソン大會
ワイ
ワイ
よー―――い
パーーン
ドドドド
旅館
行くぞ
みんな!
これまでの
特訓の成果を
見せてやれ
はい!
金栗先輩
中でもこの
富士登山マラソンは
最も過酷なレースと
言えた

うぅ…
バクバクバクバク
バクバク
心臓が口から飛び出そう
南米のペルーでは標高3500メートルの高地に人が住んでるんだ
人間の内臓力は鍛えれば適応する力があるんだぞ
バタ
バタ
しっかりしろ！
それはどうかな
ザ…
ペルー人とて鍛えて慣れたわけではあるまい
適応した者だけが生き残ったのだ
お前は！
52

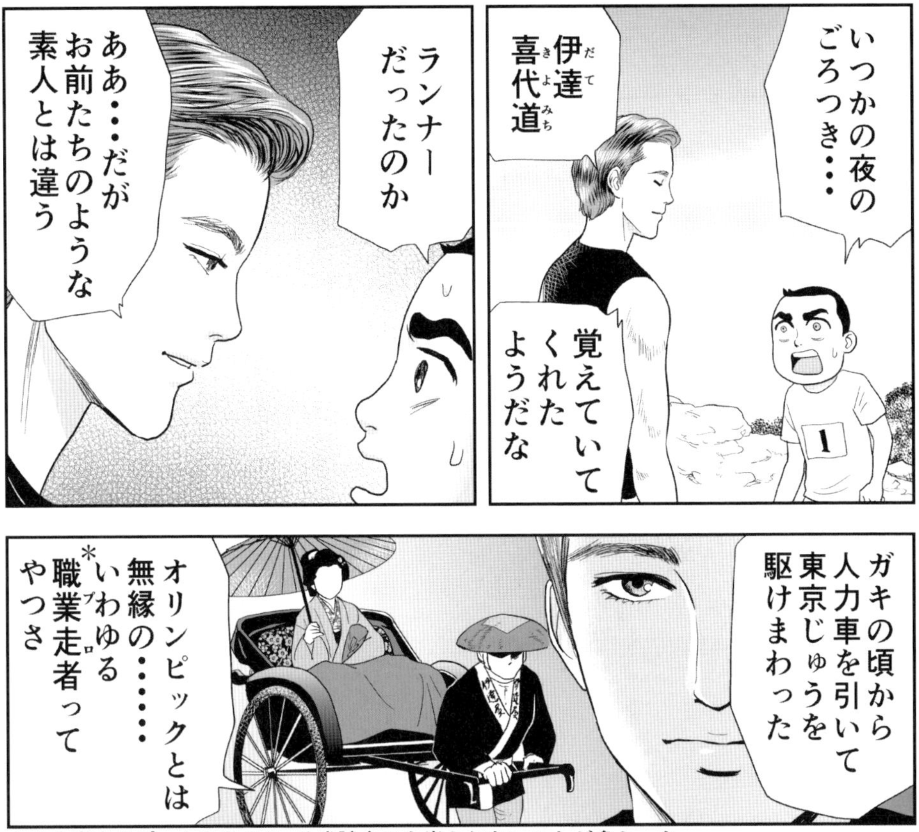

いつかの夜のごろつき・・・
伊達《だて》喜代道《きよみち》
覚えていてくれたようだな
ランナーだったのか
ああ・・・だがお前たちのような素人とは違う
ガキの頃から人力車を引いて東京じゅうを駆けまわった
オリンピックとは無縁の・・・・・・いわゆる＊職業走者《プロ》ってやつさ

＊人力車夫はプロとみなされ、公式試合にも出られないことが多かった。

金栗・・・お前は世界と戦っているつもりらしいな
まったく笑わせるぜ
お前などこの日本でも物の数にも入らないってことを教えてやる

ついて来い！
うっ
ダッ
ザ
ザ
先輩・・・行ってください
あんなひやかしの参加者に負けるわけには・・・
よし！
勝負だ！伊達
ダッ
この富士登山マラソンは並大抵のレースとは違うぞ
ランナーを苦しめる大きな3つの要素があるのだ

1つは
上《のぼ》るにつれて
薄くなっていく
空気
ガボボ
心臓への負担が
極度に上がり
地上にいながら
水に溺れるような
恐ろしい苦しみに
見舞われる
バクバクバクバク
2つ目は
気温、気圧、気候の
急激な変化により
体熱の調整が
効かなくなること
腹の中の臓器が
かきまわされ
ぐちゃぐちゃに
溶かされるような
苦痛が襲う
ゴロゴロゴロゴロ
そして3つ目は
次第にきつくなる
勾配《こうばい》と底なしの
火山灰土だ
ザクザク
足を取られて
脚力はみるみる
消耗する
ズザァ…
あんなスピードが
続くはずはない
奴も人間なら
必ず落ちてくる

・・・はずだ
富士登山マラソン大会
優勝はなんと一般参加の伊達選手！
オオオオオ
富士登山マラソン
え？
あれ？
負けた・・・
完全に負けた！
キャー
ステキ！
まったく手も足も出なかった！
キャー
キャー

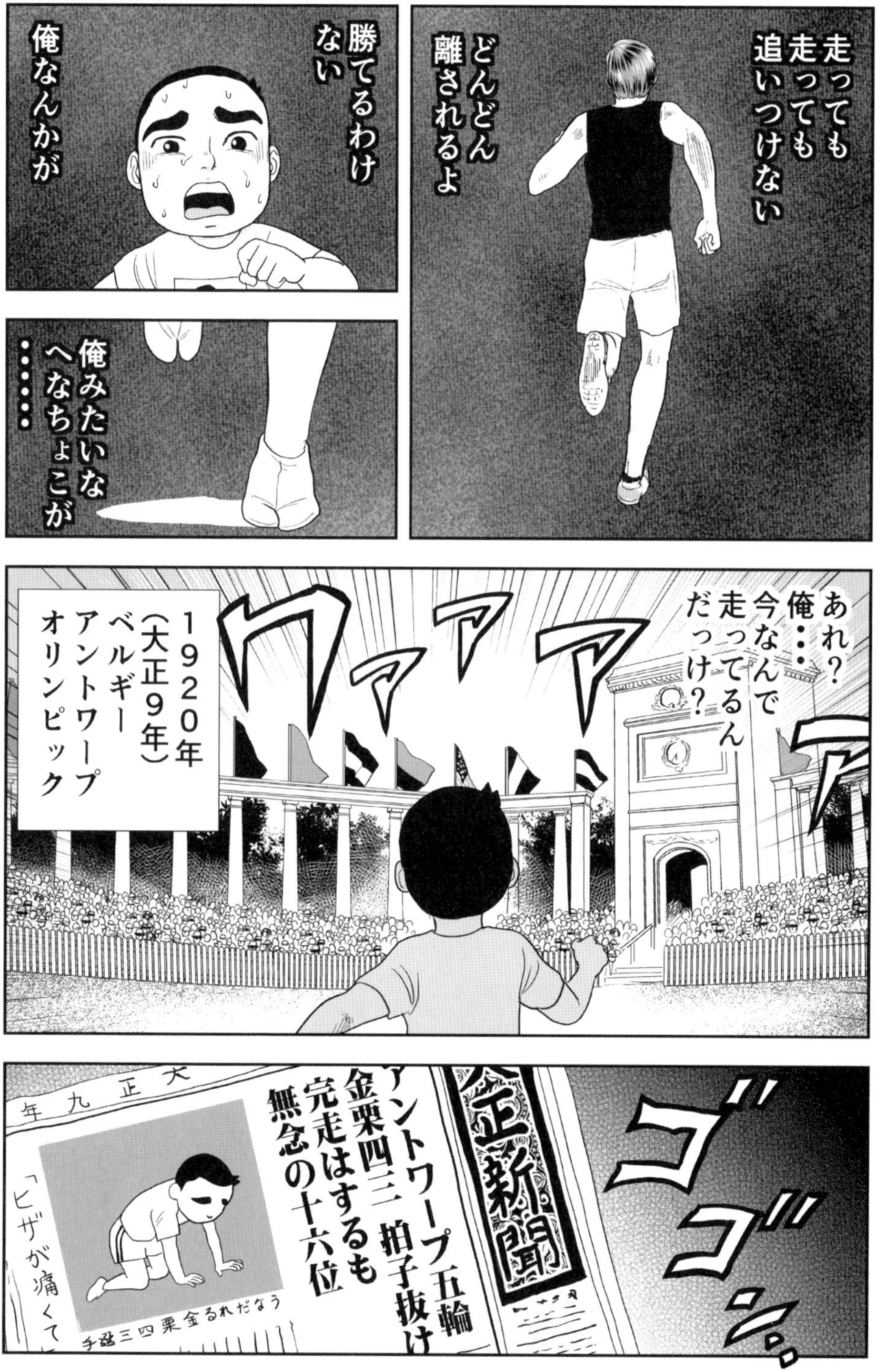

走っても
走っても
追いつけない
どんどん
離されるよ
勝てるわけ
ない
俺なんかが
俺みたいな
へなちょこが
……
あれ？
俺…
今なんで
走ってるん
だっけ？
ワァアアア
1920年
（大正9年）
ベルギー
アントワープ
オリンピック
ゴゴン。
大正新聞
大正九年
アントワープ五輪
金栗四三 拍子抜け
完走はするも
無念の十六位
「ヒザが痛くて
うなだれる金栗四三選手

フッ
みじめだな金栗
嘉納先生・・・すみません
俺・・・力を尽くしたんですが
東京高等師範学校
オリンピックには魔物がいるんです
魔物・・・か
私には何か・・・
近頃の君が戦う気持ちを失っているように見えるがね
どうせ勝てるわけがない・・・
上には上がいるんだ・・・そんな弱気が
う・・・
フッ
ギクッ

ともあれ・・・我が国が世界で勝つにはまだまだ遠い道のりがあることも事実
そこでだ
君に1つ頼みたい仕事がある
仕事？
国の礎は教育にある
金栗君 これから君には教育者として働いてもらいたい
それがひいては日本スポーツのためにもなる
はあ・・・
東京府女子師範学校

あう・・・
1921年（大正10年）
金栗は嘉納の命により地歴《ちれき》科の教員として女子教育の現場で働くことになった
しとやか〜
いいとこの子ばかりみたい・・・
あ・・・あのみなさん
マラソンは・・・走るのは好きですか？
し―――ん
じゃ・・・じゃあ武道は？
それかテニスは？
スポーツなど必要ありません
え
我が校は日本女性の模範となるべき学び舎です
女性の理想は良き妻良き母となること・・・
それ以外にない

あなたはただ ここで地歴科を 教えてくれれば いいのだ
ポン
余計なことは なさらぬように
中田《なかた》校長の おっしゃる 通りざます!
さすが 中田校長!
嘉納先生 聞いてないですよ〜〜〜!!
ここでの俺は マラソン選手 金栗四三では なく
はいみんな 次のページを 開いて・・・
ごくごく フツ——の 地歴の教員
体育といえば 体操とか 日本舞踊 みたいの
お上品な もんだ
チャン チャカ チャン♪
金栗先生 ごきげんよう
オホホ
ごきげんよう
ホホ・・

金栗先生
せんせー
せんせ
史界
地理
世界地図
金栗先生 お花を摘んで参りました
だけど・・・
これはこれで・・・
悪くないかも
まあ・・・
金栗先生 3組の竹田さんざますけど
近頃学校を休みがちで
心配ねー お宅に伺って話を聞いてあげなきゃね
スヤ・・・!?
あらやだ こんなところにシミや小じわが
私ももう年ねー
ハッ

スヤ・・・来てらしたの？
はるばる熊本から
喫茶
浪漫亭
ライスカレエ始めました。
東京《こっち》に来るなら言ってくれればいいのに
迎えに行ったのに――
いえ・・・お気遣いなく
あなたも女学校で楽しくやっておられるみたいですね
お手紙ではお国のためとか日本スポーツ界のためとか
たいそうなお立場のようにおっしゃってましたけど
ドキ…
普通の教員なら熊本でも口はあるような気もしますけど
あう

東京でないとできない仕事が多くてね
俺ってほら嘉納先生の右腕だから
あなたもしや・・・
こちらに妾《めかけ》とか・・・
まさか隠し子でもいるんじゃ
ないないない!!それはない!
そんなにモテんて
じー
何?その証拠を探す刑事みたいな眼・・・
何もないならいいです
私もしばらく東京に滞在することにします
妻としていろいろあなたのこと心配ですしね

ボス
あ
東京名物
お土産帳
高女同窓會用
何？
そのえらく
分厚い帳面
辞書？
サッ
いえ・・・
この喫茶店
ステキです
わね――
この人も何か
隠してるん
だよな――
1923年
（大正12年）
9月1日
それでは
授業を
終わります
格品。
南アメリカの山脈
アメリカの山脈
午前
11時
58分
ドオオ
うわあっ

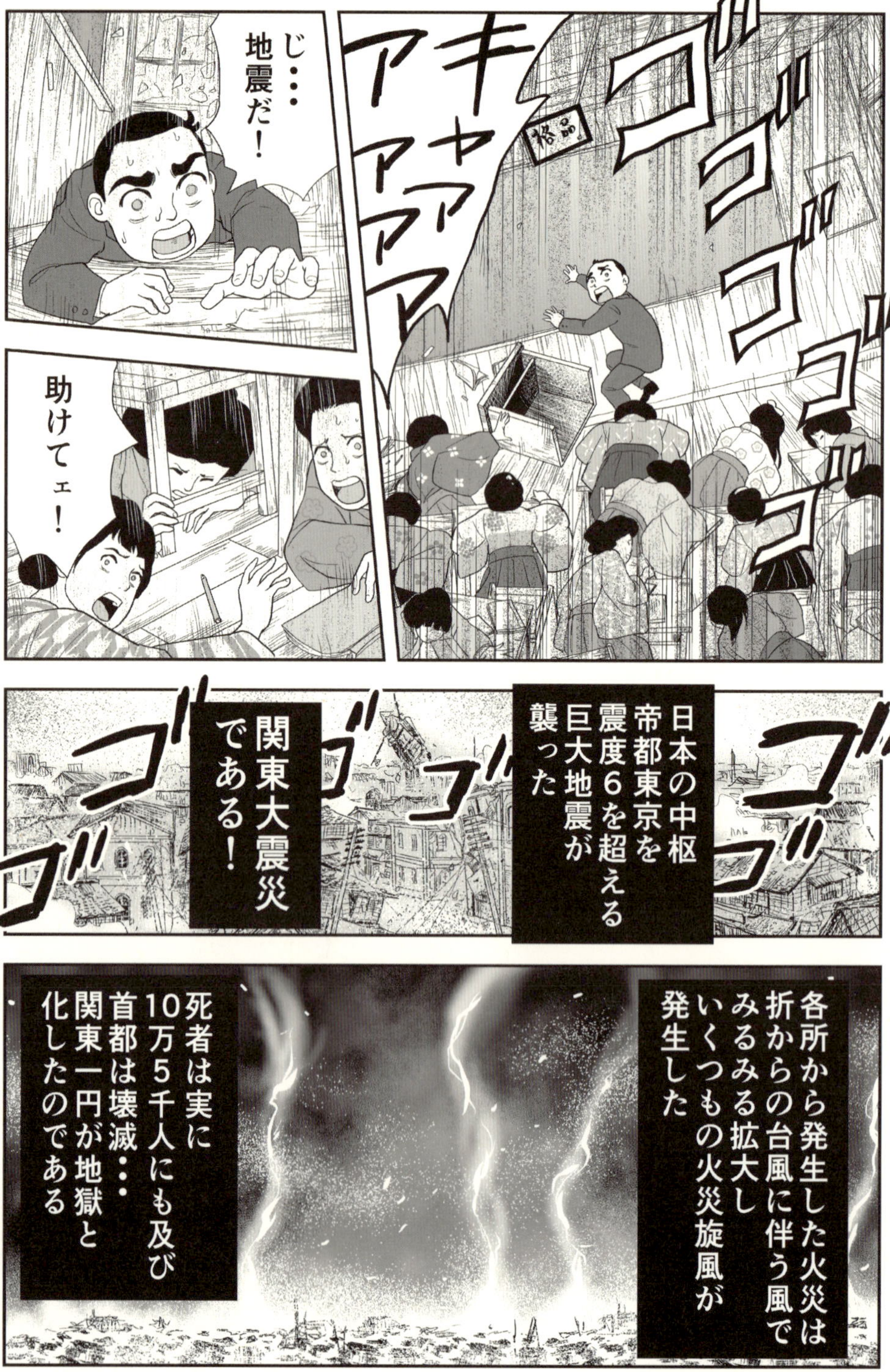
ゴゴゴゴゴゴ
キャアアアアア
じ…地震だ！
助けてェ！
日本の中枢 帝都東京を 震度6を超える 巨大地震が 襲った
ゴゴゴゴ
関東大震災である！
ゴゴ
各所から発生した火災は 折からの台風に伴う風で みるみる拡大し いくつもの火災旋風が 発生した
死者は実に 10万5千人にも及び 首都は壊滅… 関東一円が地獄と 化したのである

猛火がおさまったのは2日後のこと
東京が・・・ない！
多くの人々が住む家を失い避難民となった
ドャドャ
まずい・・・これだけの避難者が学校に集まったら
食料もないし病人やケガ人もいる
このままではそう何日ともたないぞ
国は何をしているんだ・・・・・・！
ザッ
中田校長

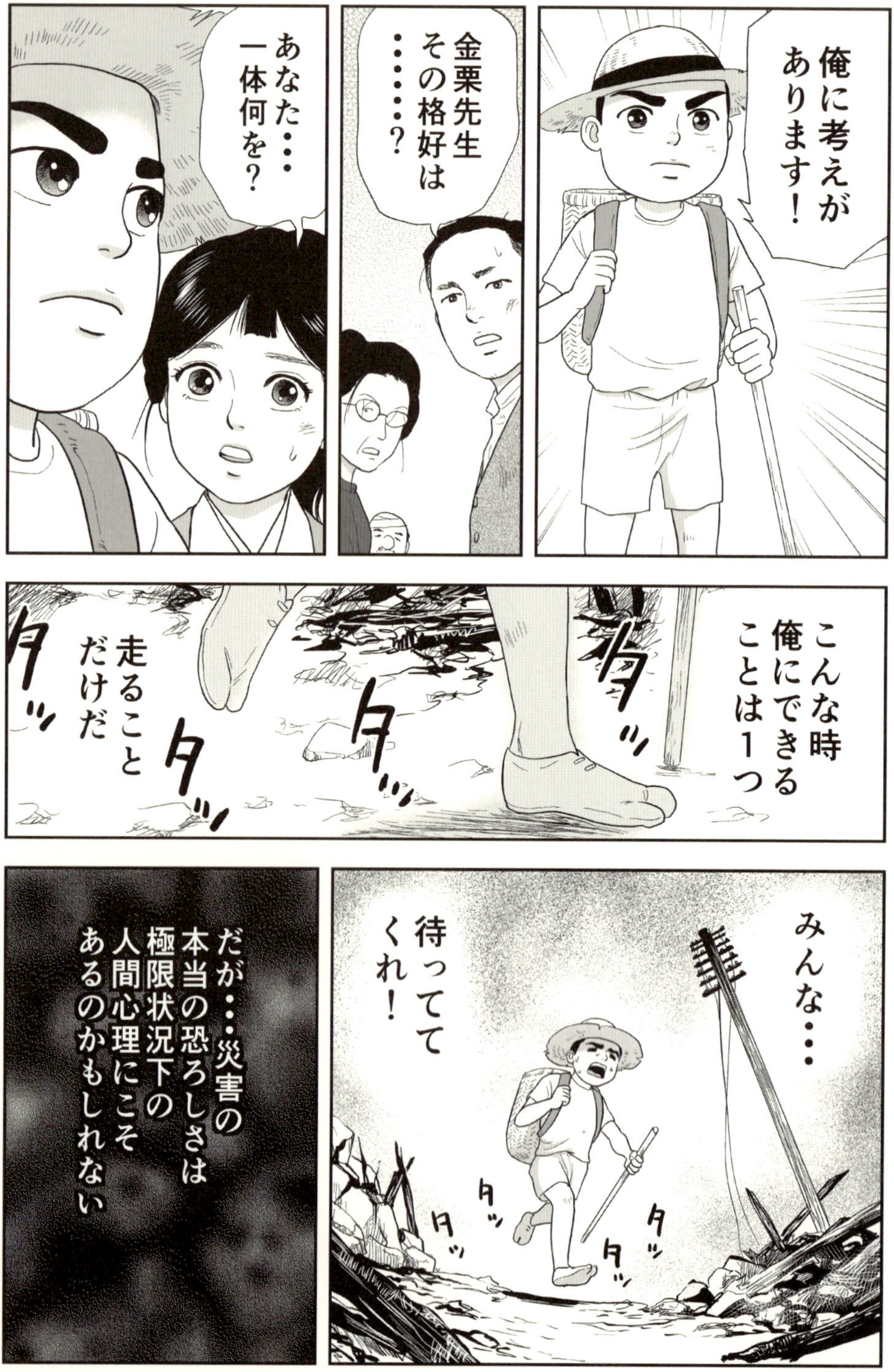

俺に考えがあります!
金栗先生その格好は……?
あなた…一体何を?
こんな時俺にできることは1つ
走ることだけだ
タッ
タッ
タッ
タッ
みんな…
待っててくれ!
タッ
タッ
タッ
タッ
だが…災害の本当の恐ろしさは極限状況下の人間心理にこそあるのかもしれない

災害では人間の生存本能や被害妄想が働き
どんなことも起こりうるような気がしてくる
そこに人々の不安をあおるような情報が作用すればどうなるか・・・
朝鮮人が暴動を起こしたって!?
井戸に毒を入れてまわってるらしいぞ
関東大震災ではこうした流言をきっかけに
外国人や障がい者、社会主義者までが殺傷される事件が続発した
地方出身者
ゴホゴホ・・・
ガラガラ
母さんここらで休もうか
きゃあ——————っ!!
ズズー

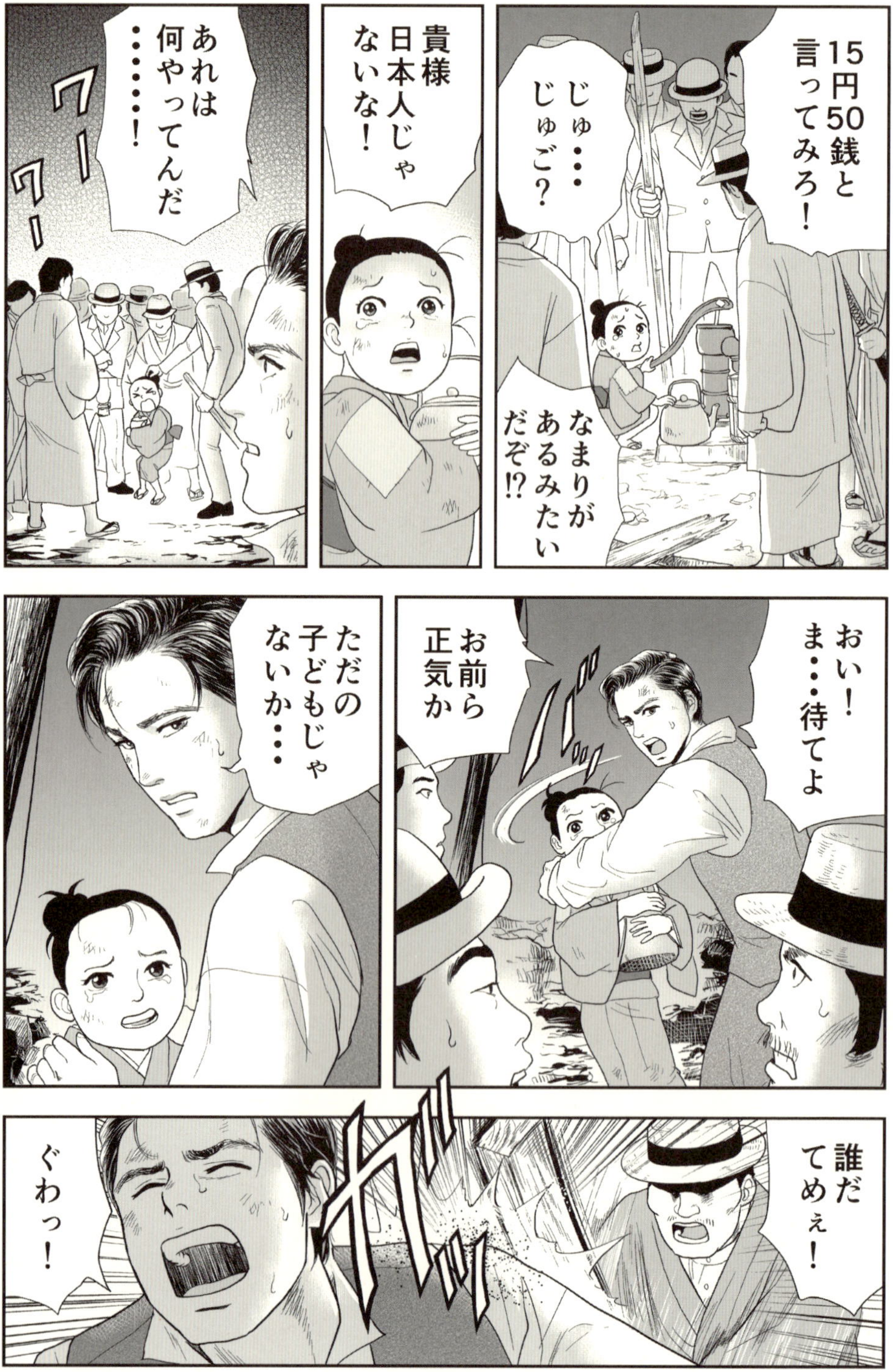
15円50銭と言ってみろ！
じゅ・・・じゅご？
なまりがあるみたいだぞ!?
貴様日本人じゃないな！
あれは何やってんだ・・・・・・！
ワー
ワー
おい！ま・・・待てよ
お前ら正気か
ただの子どもじゃないか・・・
誰だてめぇ！
ぐわっ！

さては一味だな！
ガッ
ドゴッ
ドカッ
やめろ！俺は・・・
ドゴ
俺たちが国を・・・守らねば！
チャ
スッ
スッ
タッ
タッ
ハッ
ハッ
急ごう
みんながおなかをすかせて待ってるんだ
タッ
タッ
タッ
タッ
ハァ
ハァ
タッ

俺・・・生きてんのか？
天下の伊達《だて》喜代《きよ》道《みち》がなんてザマだ
脚の感覚がない・・・
みんなーー!!
あれは・・・！
金栗先生！あなた！
金栗先生よ！
おーい
タッ
タッ
タッ
タッ
どっさり

ワァアアア
ア
グツ
グツ
ありがとう
タッ
タッ
タッ
金栗は駆けた
物資を背負って
震災の焼け跡を……
孤立した避難所や
学校を探し
支援物資が届く
駅や港を往復し
各地に正確な
情報を伝え
足りないものを
手配する
まさに
彼の〝脚〟が
人々の窮地を
救っていった
のである
金栗先生
待って！

私も
走ります！
私たちも
先生みたいに
人の役に
立ちたいの
じ〜ん
君たち
……！
気持ちは
うれしいけど
中田校長が
怒るよ
ねえ
金栗先生
あなたが
いけないのだ
こんなことに
なるなら…
なぜ僕を
もっと説得して
女子に走ることを
教えなかったのか
え
僕も
走りますよ
ええーっ

ドドドドドド
走れ！
老いも若きも男も女も列に入って走れ！
俺たちはきっと乗り越えられる
たとえすべて失ってもこの足さえあれば
乗り越えられる！
ワァアアアア

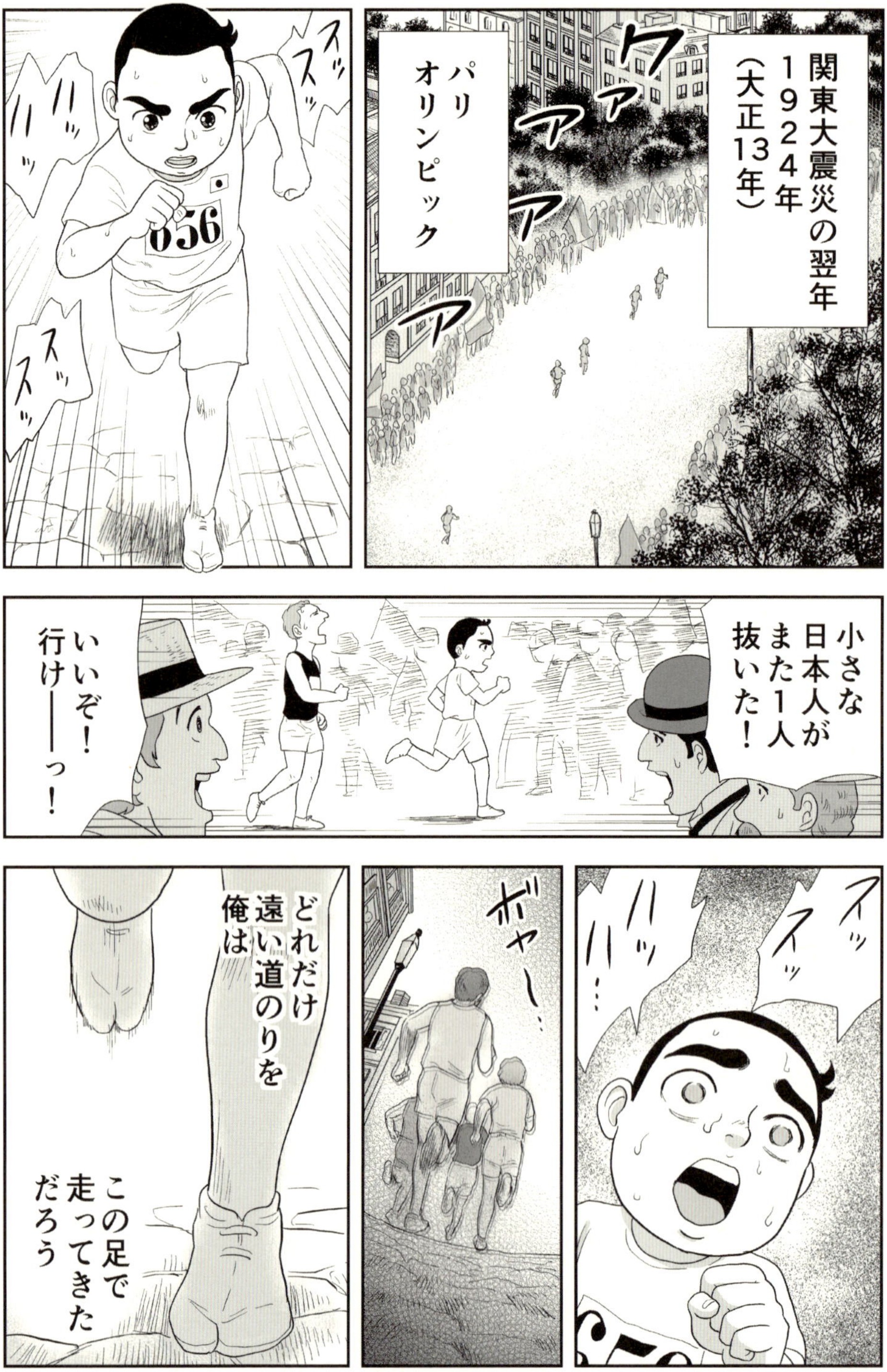
関東大震災の翌年
1924年
(大正13年)
パリ
オリンピック
ワァァァァ
スッ
スッ
ハッ
ハッ
スッ
スッ
小さな
日本人が
また1人
抜いた!
いいぞ!
行けーーっ!
スッ
スッ
ハッ
ハッ…
ボヤー…
どれだけ
遠い道のりを
俺は
この足で
走ってきた
だろう

あいつと出会ったあの日から……
金栗が先頭集団に迫ってるぞ
ものすごいスピードだ！
何ィ!?
ハッ
ハ…
ハッ
656
俺…頑張ったよ
ずっと…走り続けてきたんだよ
今日までずっと…

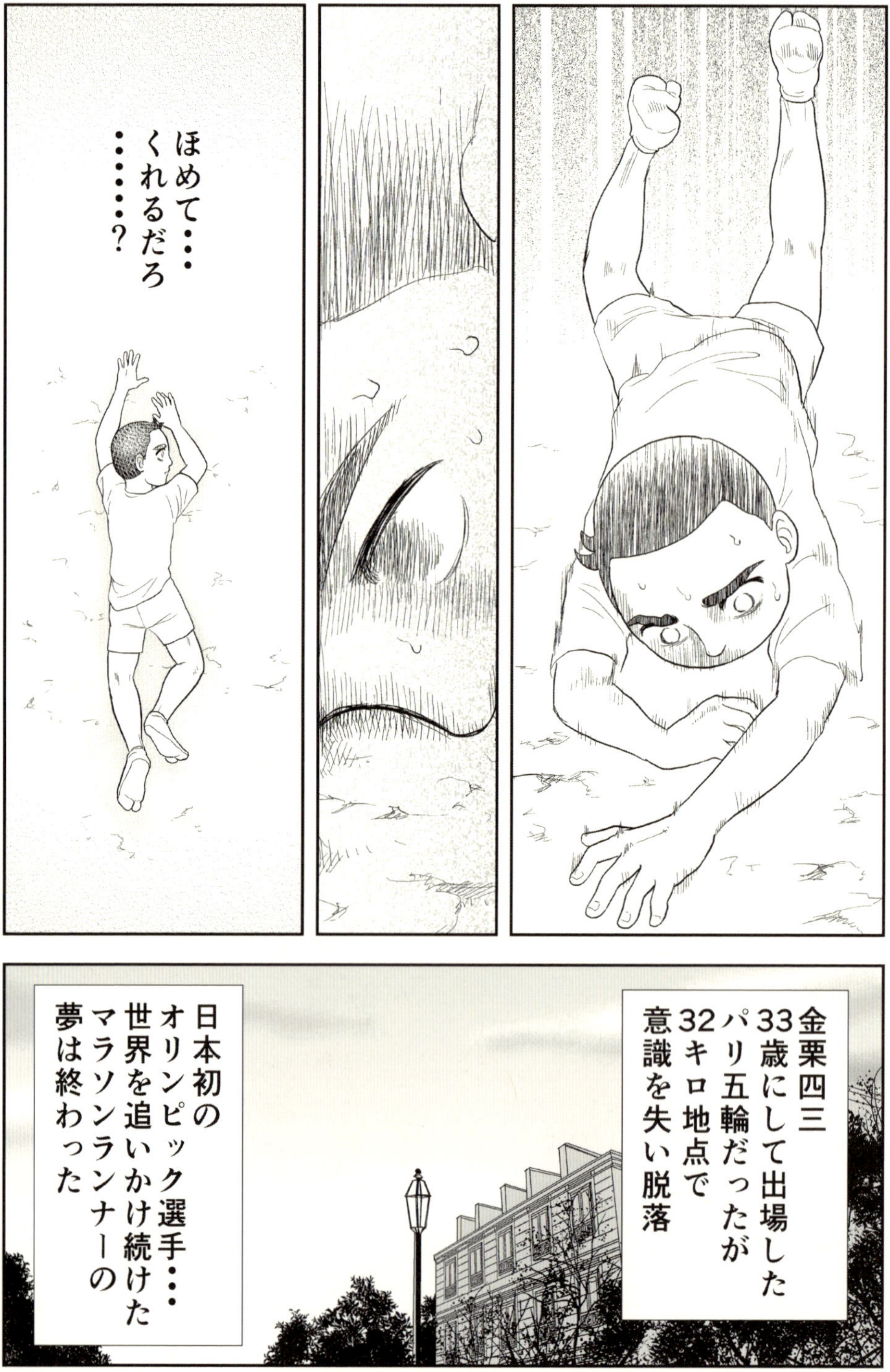

ほめて・・・
くれるだろ
・・・・・・？
金栗四三
33歳にして出場した
パリ五輪だったが
32キロ地点で
意識を失い脱落
日本初の
オリンピック選手・・・
世界を追いかけ続けた
マラソンランナーの
夢は終わった

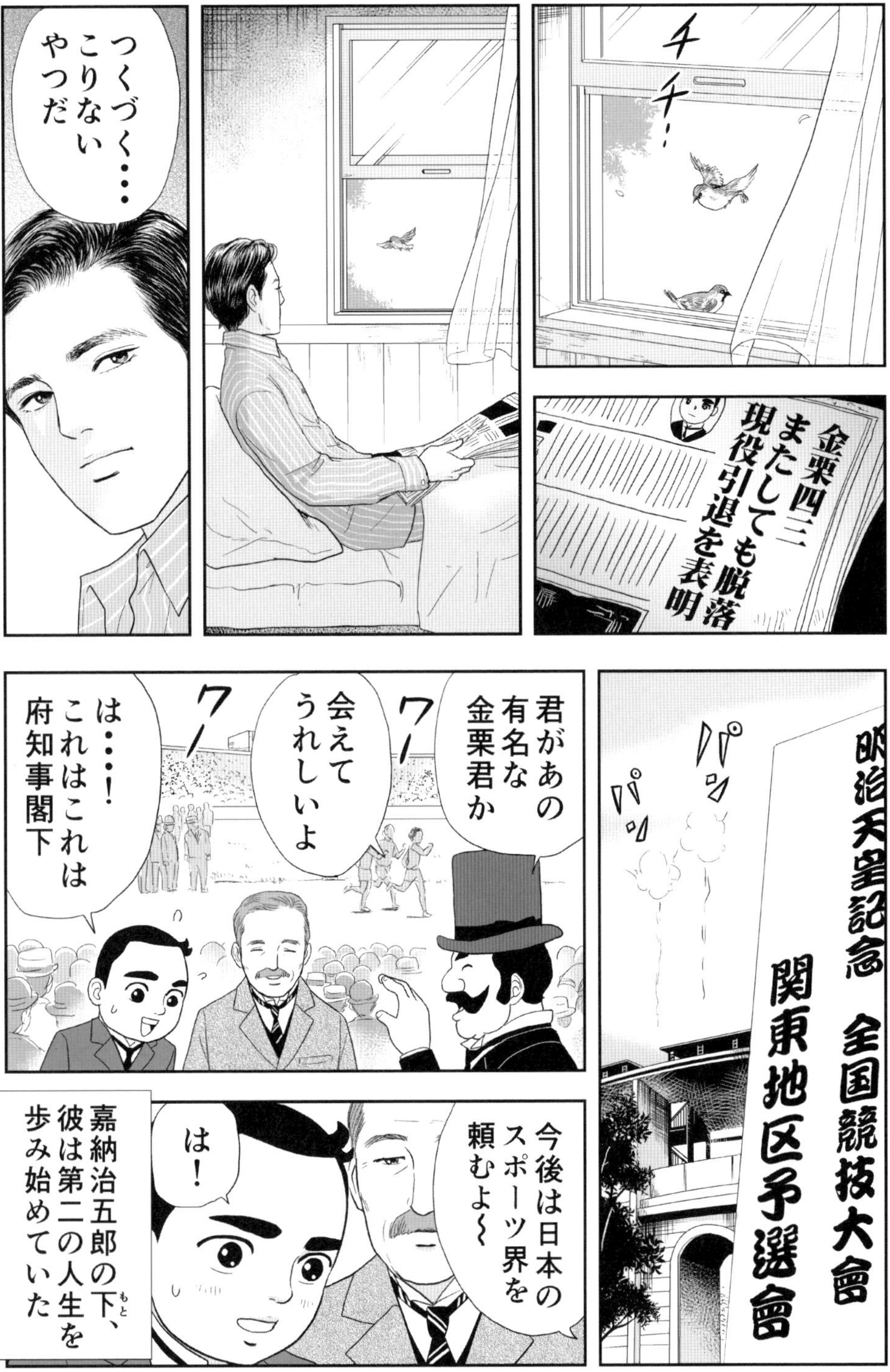
チチ…!
金栗四三
またしても脱落
現役引退を表明
つくづく・・・
こりない
やつだ
明治天皇記念 全国競技大會
関東地区予選會
パン
パン
君があの
有名な
金栗君か
会えて
うれしいよ
ワ
ワ
は・・・!
これはこれは
府知事閣下
今後は日本の
スポーツ界を
頼むよ～
は!
嘉納治五郎の下《もと》、
彼は第二の人生を
歩み始めていた

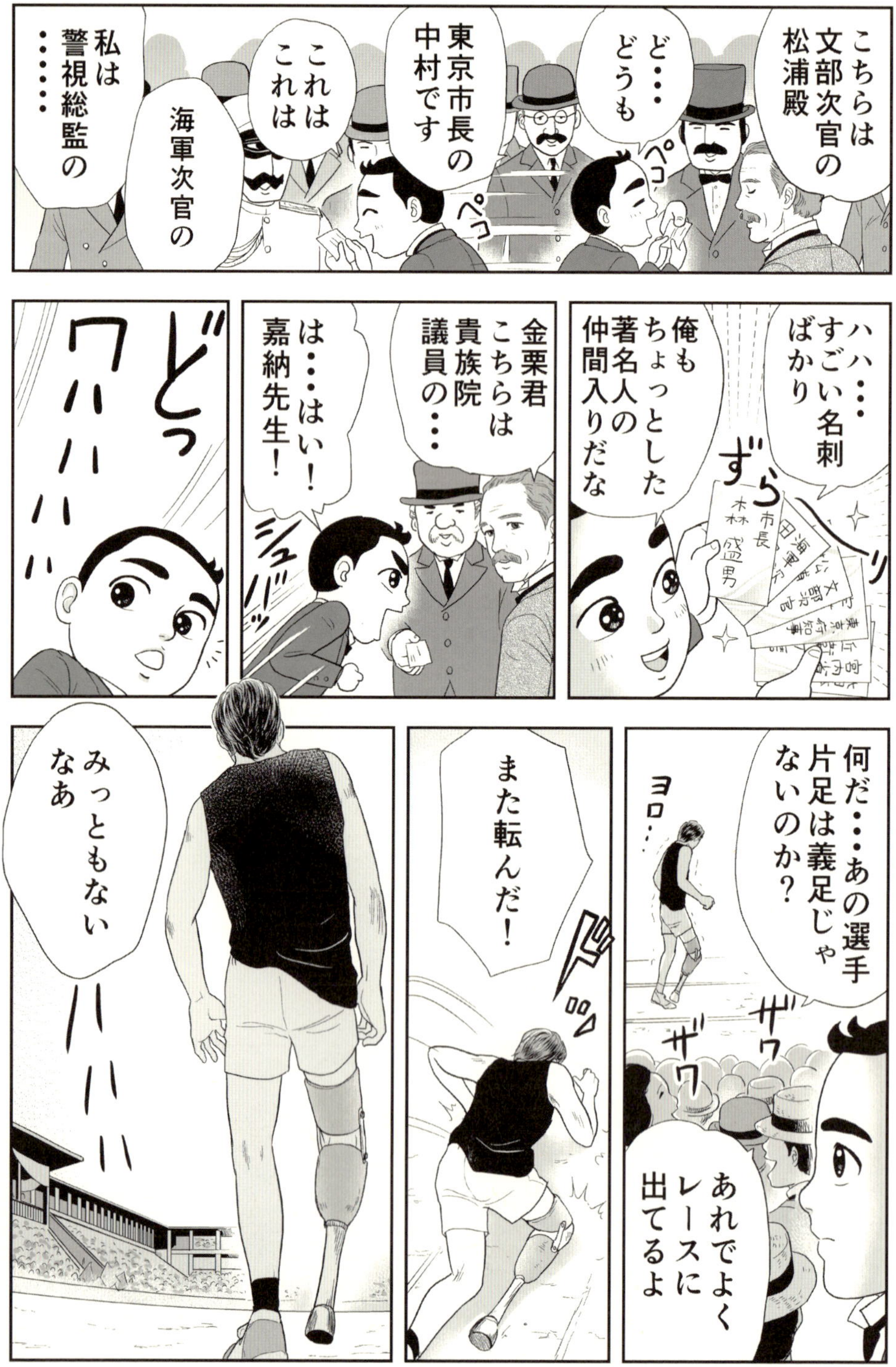
こちらは文部次官の松浦殿
ど…どうも
ペコ
東京市長の中村です
ペコ
これはこれは
海軍次官の
私は警視総監の……
ハハ…すごい名刺ばかり
ずらーり
俺もちょっとした著名人の仲間入りだな
金栗君こちらは貴族院議員の…
は…はい！嘉納先生！
シュバッ
どっ
ワハハハハ
何だ…あの選手片足は義足じゃないのか？
ヨロ…
ザワ
ザワ
あれでよくレースに出てるよ
また転んだ！
みっともないなあ
ハハハ

あれは・・・
伊達《だて》
伊達
喜《き》代《よ》道《みち》じゃ
ないか！
ドドッ
うっ
おいおい
何だね
ザワ
ザワ
誰があんな者に
出場資格を
与えたんだ?
すぐに
失格に
したまえ
待って
ください！

何だ・・・!?
この気持ち
あいつを
見てると・・・
金栗君?
いても
立っても
いられない!
グッ
ババサアアッ
帝国武人會
山田次郎
くそっ!
ハァ
ハァ
無様《ぶざま》だ・・・
そうだな
う・・・

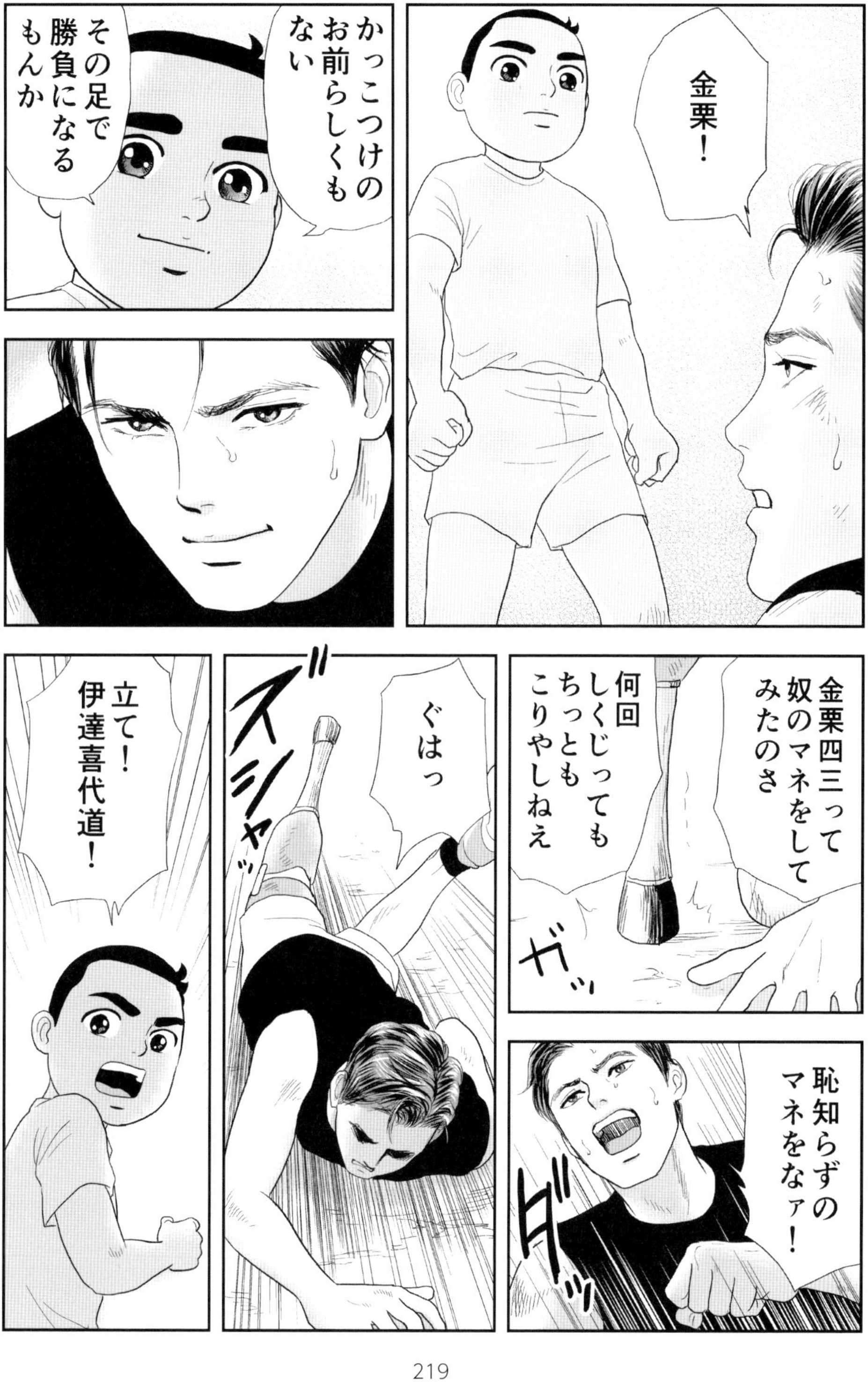

金栗！
かっこつけのお前らしくもない
その足で勝負になるもんか
金栗四三って奴のマネをしてみたのさ
何回しくじってもちっともこりやしねえ
ガッ
恥知らずのマネをなァ！
ぐはっ
ズシャッ
立て！伊達喜代道！

うおおおおっ!!
ダッ
フン
実に
見苦しい
見苦しい？
聞き捨て
なりませんな
嘉納さん！
これこそ
スポーツだ！
何の障害も試練も
ない人生など・・・
一体どこに
ありましょうか！
逆境に挑む
人間の姿こそが
苦悩の人々に
勇気を
与えるのです！
それが
スポーツの
意義では
ありませんか！

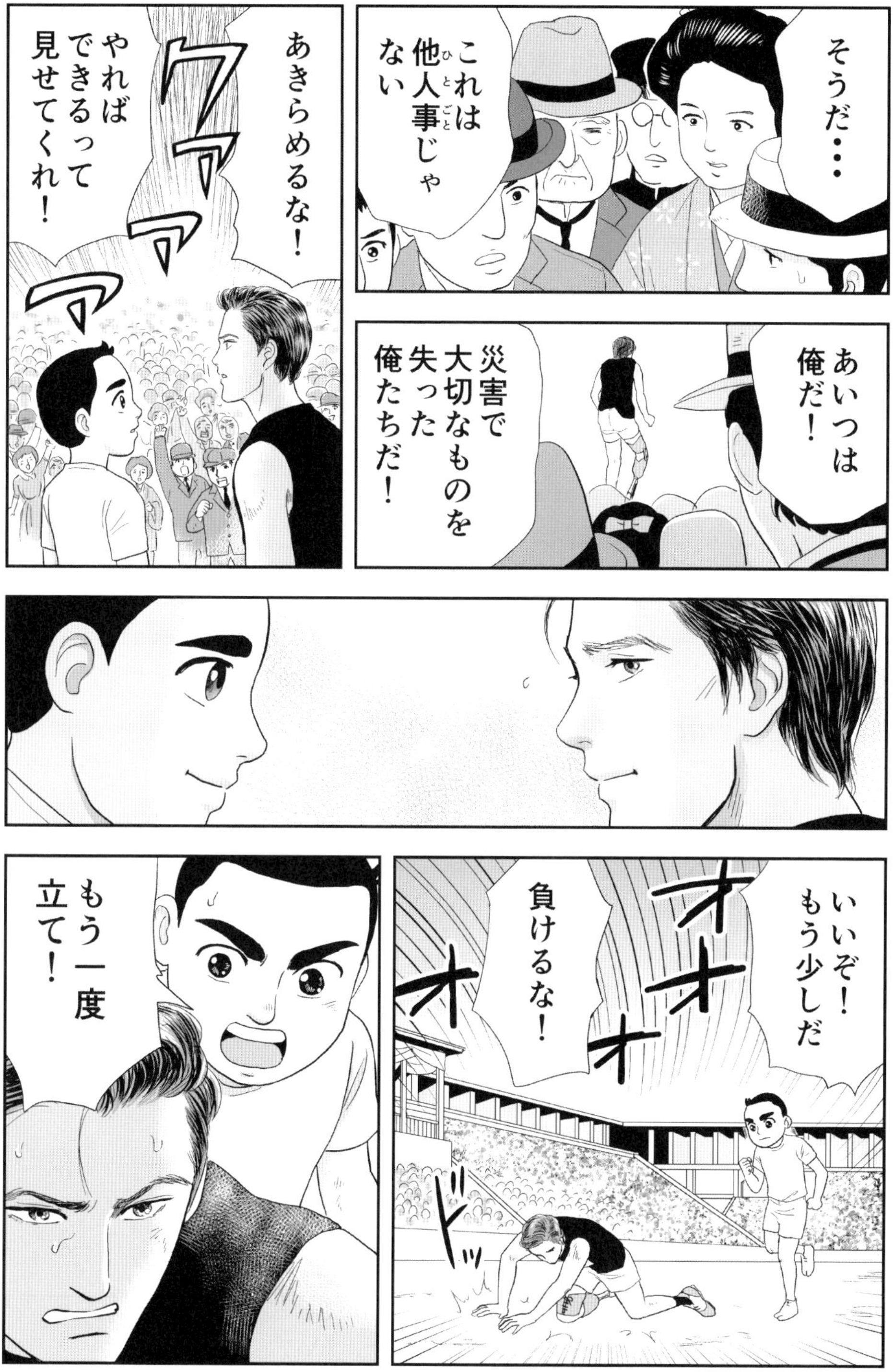
そうだ・・・
これは他人事《ひとごと》じゃない
あきらめるな！
やればできるって見せてくれ！
ワァァァ
あいつは俺だ！
災害で大切なものを失った俺たちだ！
いいぞ！もう少しだ
負けるな！
オオオ
ドドッ
もう一度立て！

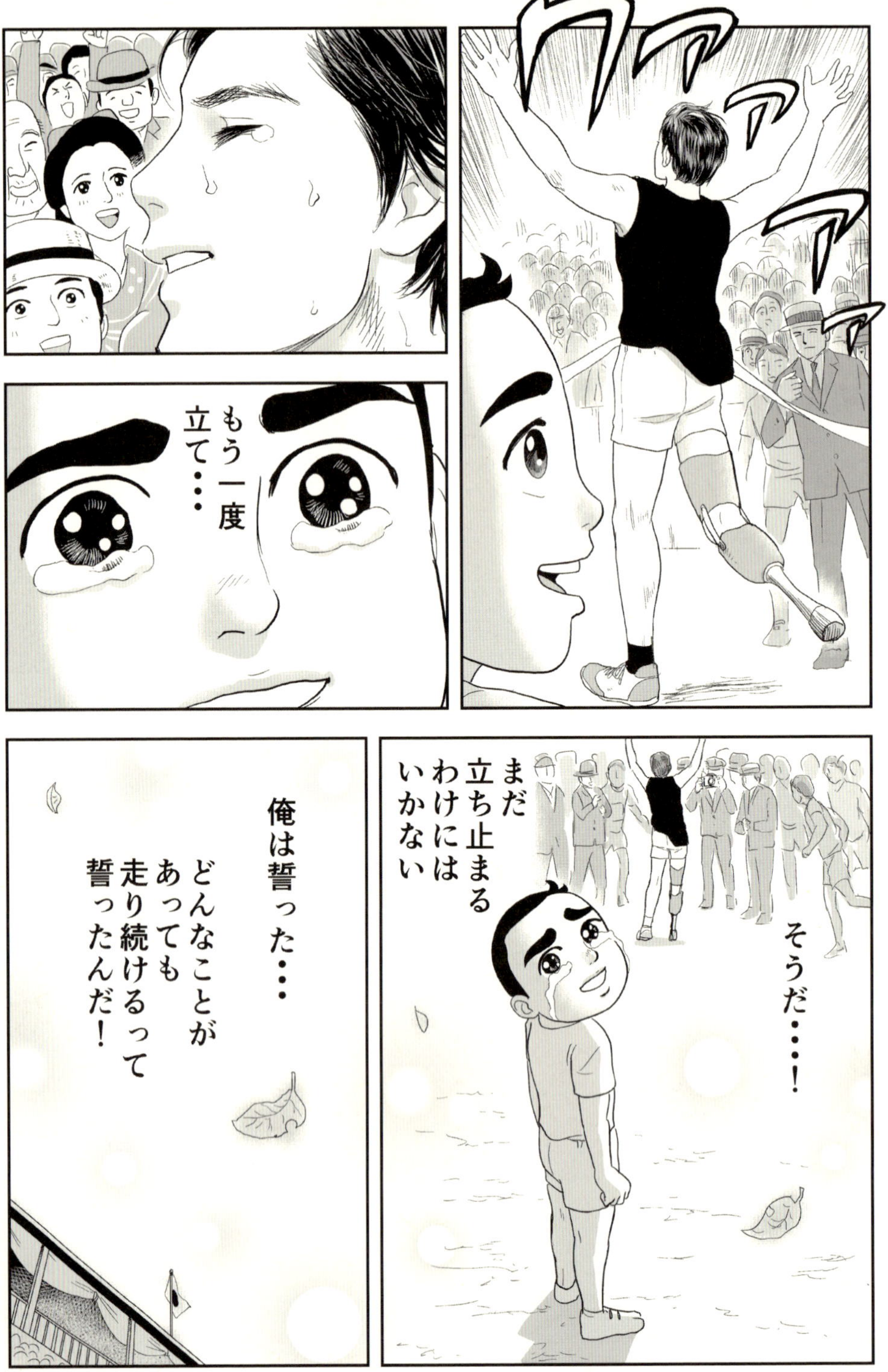

ワァァァァ
もう一度立て・・・
そうだ・・・!
まだ立ち止まるわけにはいかない
俺は誓った・・・
どんなことがあっても走り続けるって誓ったんだ!

1941年（昭和16年）
青葉女学校
ザワ
ザワ
あーーー
オホン
こちらの金栗四三先生は我が国初の五輪代表選手でありーー
箱根駅伝や富士登山マラソンなどを通して日本体育界の礎を築かれ・・・
そんなことはみんな知ってますわ！
う
ブーー
ブーー
早く金栗先生の話が聞きたい！

はじめまして みなさん
新任の金栗四三です
金栗四三　50歳
先生―――マラソンを始めたきっかけって何ですか？
それは・・・
ある1人の友との出会いが僕の人生を変えた
その子が僕に走ることの楽しさ・・・すばらしさを教えてくれたんです

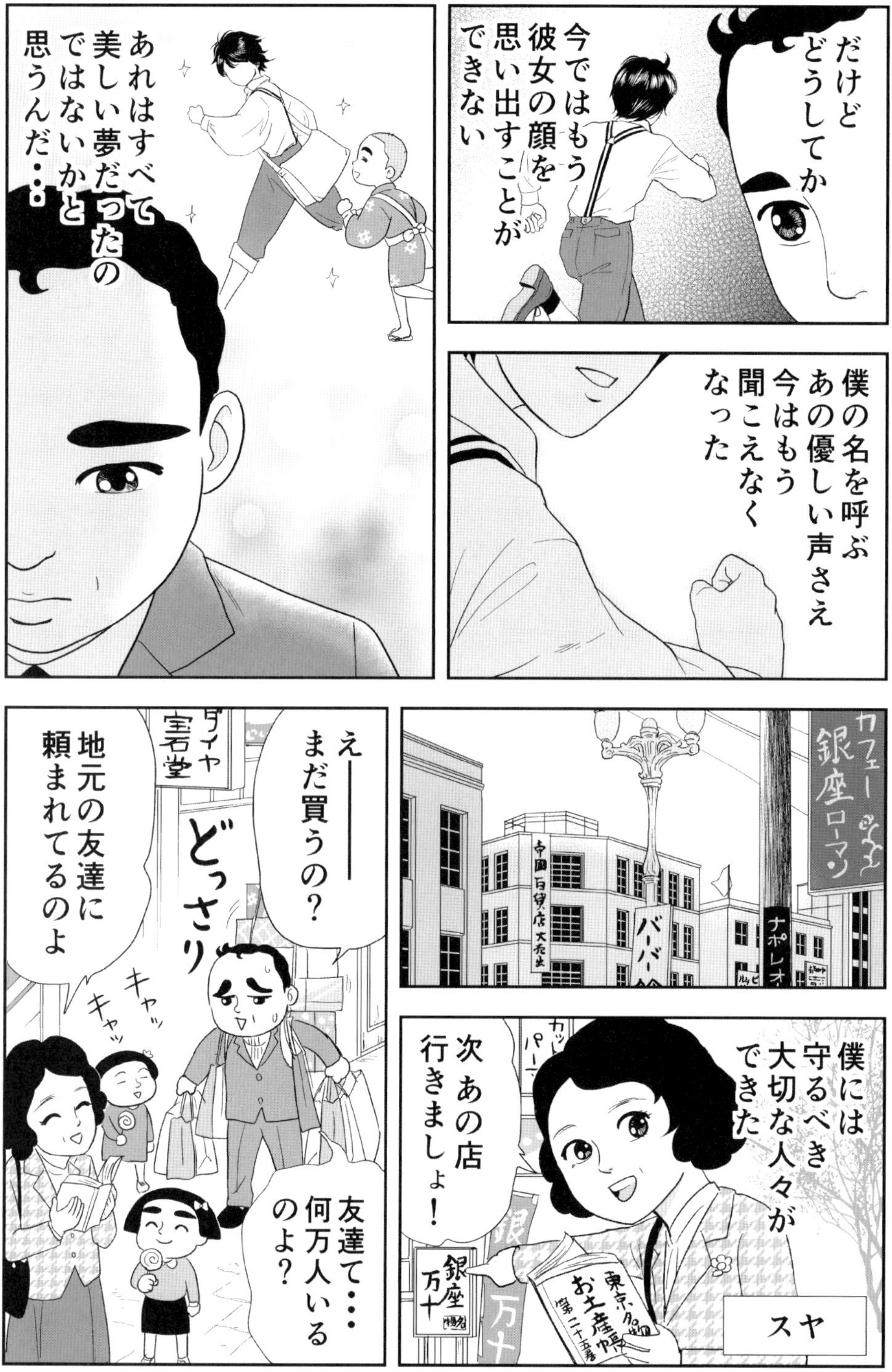

だけど
どうしてか
今ではもう
彼女の顔を
思い出すことが
できない
僕の名を呼ぶ
あの優しい声さえ
今はもう
聞こえなく
なった
あれはすべて
美しい夢だったの
ではないかと
思うんだ・・・
カフェー
銀座ローマン
帝國百貨店 大売出
バーバー
ナポレオン
僕には
守るべき
大切な人々が
できた
次あの店
行きましょ!
銀座
万十
スヤ
ダイヤ
宝石堂
えー
まだ買うの?
どっさり
地元の友達に
頼まれてるのよ
キャッ
キャッ
友達て・・・
何万人いる
のよ?

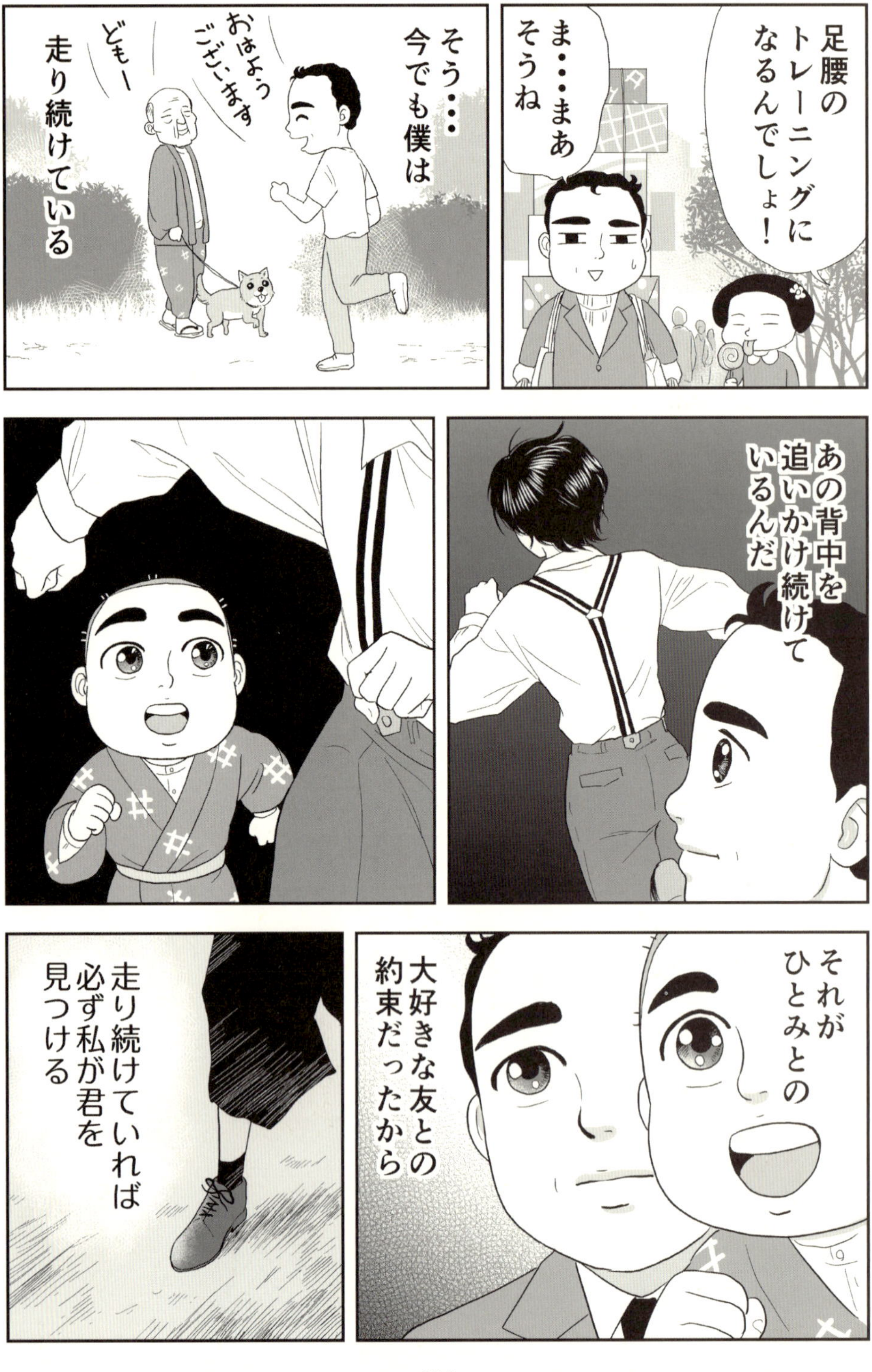
足腰のトレーニングになるんでしょ！
ま・・・まあそうね
そう・・・今でも僕は
おはようございます
どもー
走り続けている
あの背中を追いかけ続けているんだ
それがひとみとの
大好きな友との約束だったから
走り続けていれば必ず私が君を見つける

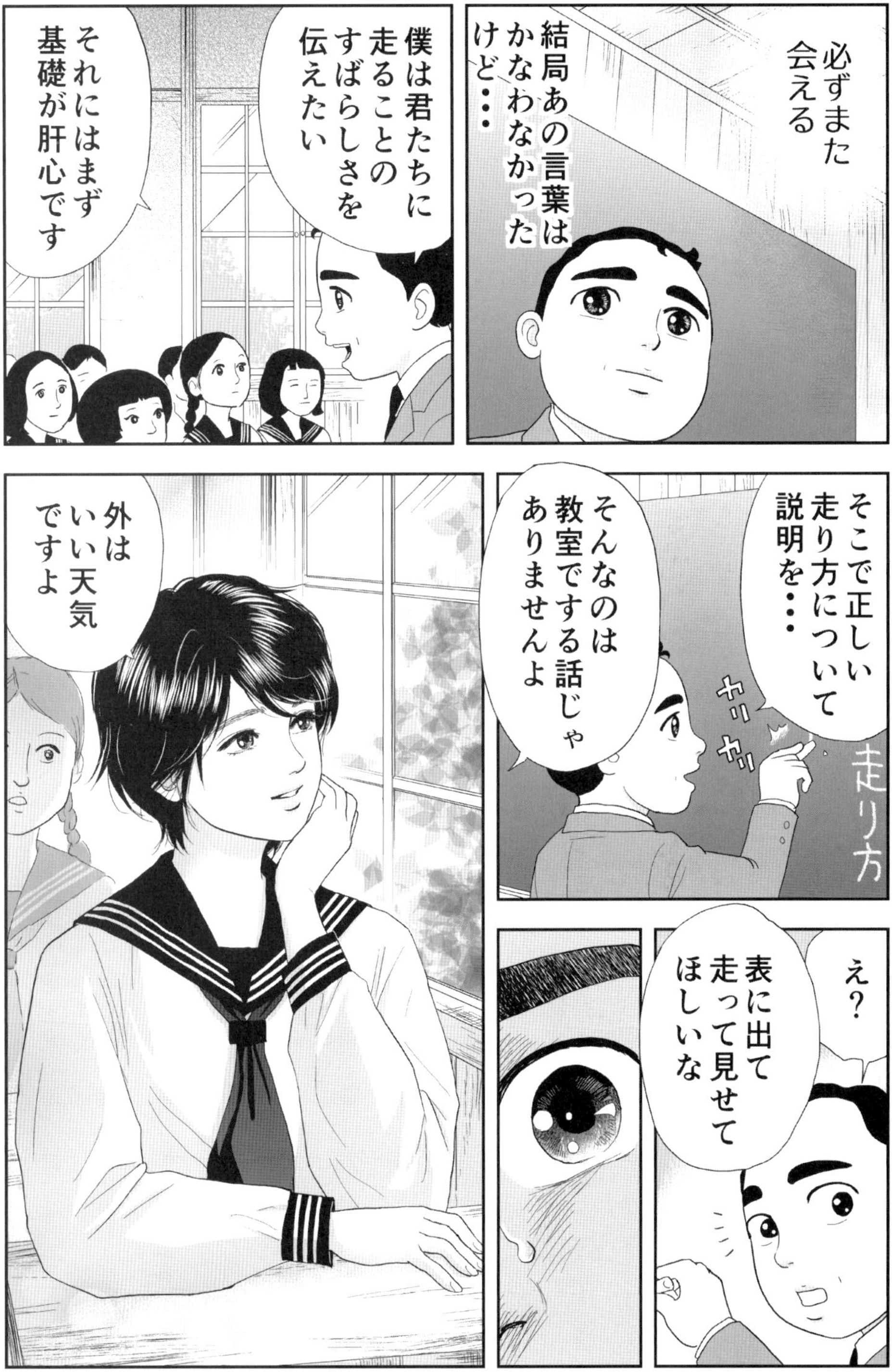
必ずまた会える
結局あの言葉はかなわなかったけど・・・
僕は君たちに走ることのすばらしさを伝えたい
それにはまず基礎が肝心です
そこで正しい走り方について説明を・・・
カリカリ
走り方
そんなのは教室でする話じゃありませんよ
外はいい天気ですよ
え？
表に出て走って見せてほしいな

ひとみ・・・・・・・・!?
何ならこの人見《ひとみ》八重子と勝負しますか?
負けるつもりはさらさらありませんけどね
ガタ
うん・・・
うん・・・!
えっ?先生泣いてらっしゃるの?
どうして?
ザワ
ザワ
金栗四三の人生のレースはまだまだ続きそうである

エピローグ　――ストックホルムの夢再び――
1967年（昭和42年）
スウェーデンでストックホルムオリンピック55周年記念セレモニーが行われた
ワー
ワー
さあ・・・金栗選手がいよいよ
ゴールテープを切ります！
55年前・・・1912年のストックホルムオリンピック大会
マラソン競技中に忽然と姿を消した金栗四三選手が
長い長い道のりを走りぬき
今まさに・・・

ゴール
しました！
ワァァァァ
金栗四三　75歳
タイムは
54年8カ月と6日
……と
5時間32分20秒3
偉大なる
世界最長記録では
ありませんか！
これにて
ストックホルム
オリンピック
全日程を終了
いたします！
オォォォ

本当に…
長い道のり
でした
私は今日まで
ずっと…
走り続けて
きたのです
私は…
まだまだ
走り続けます
レース途中の
森に迷いこみ
その間に
嫁をめとり
子どもも６人と
孫が10人
できました
ワ
人生という
マラソンを
最後まで！

オオオオ
パチ
パチ
パチ
パチ
パチ
おめでとうスシ君
久しぶりだね
誰？
スシ？
あっ！マリオ君！
ビリでもいいヤン
キング・アーサーにファンビーノも！
僕らもずっとマラソンを続けているんだ
ビリでもこりずにね——
そうかぁ
うれしいなあ

カナクリ
また一緒に
走ろうぜ！
俺たちのような
じいさんでも
誰でも参加できる
マラソンを
立ち上げてな！
誰でも
参加できる
マラソン・・・？
そいつは
楽しい
だろうなあ
走ることは
生きること
走ることは
絆
走ることは
文化

今やあの地でも
この地でも
多くの人々が
喜び勇んで
走る
人や自然と
親しみ
人生を
楽しみながら
金栗四三
1983年（昭和58年）
11月13日没
享年92歳
生涯ランナーで
あり続けた
彼の精神は
今なお人々の中に
息づいている
終

嘉納治五郎《かのうじごろう》

日本が初参加した１９１２（明治45）年のストックホルム五輪で、金栗らを率いて日本選手団の団長を務め、その後も金栗を支えた嘉納治五郎は、柔道の生みの親として有名な存在です。

嘉納は江戸時代末期の１８６０年、現在の兵庫県に生まれます。教育熱心だった父親の影響で勉強に励み、東京大学に進学。小柄で体の弱かった嘉納は、ここで日本古来の武術「柔術」を習い始めます。嘉納は22歳の時、スポーツとしての「柔道」を確立し、東京に道場「講道館」を開きます。

一方、嘉納は教育者として第五高等中学校（のちの第五高等学校、現・熊本大学）や東京高等師範学校（現・筑波大学）で校長を務め、教員の養成に力を注ぎます。教え子らにスポーツを奨励する一方、アジア初の国際オリンピック委員会（ＩＯＣ）委員として、日本の五輪初参加を実現。１９４０（昭和15）年の東京五輪招致に成功します（１９３８年に返上決定）。開催決定の2年後、嘉納はエジプト・カイロのＩＯＣ総会から帰国する船の中で肺炎にかかり、77歳でこの世を去ります。

嘉納の妻・須磨子は、現在の上天草市大矢野町出身の学者で外交官だった竹添進一郎の娘でした。須磨子は嘉納の柔道の稽古相手を務めたこともあり、須磨子と相談して女性の柔道入門も許しています。嘉納は柔道を通して、日本のスポーツ文化の黎明《れいめい》期をつくった人物だったのです。

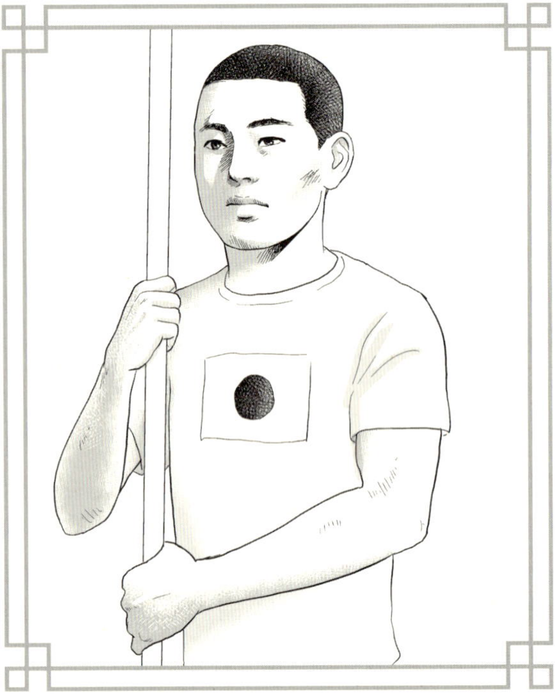

金栗《かなくり》四三《しそう》

金栗四三は1891（明治24）年、玉名郡春富村（現在の和水町）で生まれました。10歳で玉名北高等小学校に入学。往復12キロの道のりを毎日走って通学し、足腰を鍛えます。

金栗は旧制玉名中学校（現玉名高）から東京高等師範学校（現筑波大）に進んで徒歩部に入りますが、当時は「スポーツ」という文化が欧米から日本に入ってきたばかり。そんな中、スポーツ文化を日本に根付かせようと考える校長の嘉納治五郎と出会い、富士山での高地トレーニングなどに励みます。そうして、1911年のオリンピック国内予選会で優勝。翌年、日本が初参加したスウェーデン・ストックホルム五輪でマラソン競技に出場します。

ストックホルム五輪のレースは猛暑の中、起伏の激しいコースで多くの選手が脱落する過酷なものでした。金栗も折り返し後間もなく急激な疲労に襲われ、コースを外れて意識を失い、現地の農夫らに助けられます。金栗は捜しに来た応援の日本人らとそのまま宿舎に帰り、「消えたオリンピック走者」として語られることになりました。

無念の思いで帰国した金栗は、再起を期して鍛錬に励む一方、教職として後進の指導にあたり、マラソン競技をはじめとするスポーツの普及・強化に取り組みます。関東の大学に呼び掛けて第1回箱根駅伝を開催したほか、女子体育の振興にも力を注ぎ、テニス、陸上などの大会を開きました。金栗自身は1920（大正9）年のアントワープ五輪、24年のパリ五輪に出場しますが、いずれも不本意な結果に終わり現役引退を決意します。

太平洋戦争終戦後の1967（昭和42）年、金栗のもとにスウェーデン・オリンピック委員会から手紙が届きました。

「貴殿は1912年7月14日午後1時30分にストックホルムのオリンピック競技場をスタートして以来、何らの届けもなく、いまだにどこかを走り続けていると想定される。スウェーデン・オリンピック委員会は貴殿に第5回オリンピック大会マラソン競技の完走を要請する」

1967年3月21日、75歳の金栗はストックホルム五輪55周年記念行事に招かれ、マラソン完走のゴールテープを切りました。記録は54年8カ月6日5時間32分20秒3。この記録は世界で最も長いマラソン記録として語られています。

金栗は戦後、郷里熊本で県体育会会長や熊本県教育委員会委員長を務めるかたわら、米ボストン・マラソンへの日本初参加などを実現しました。1955年には紫綬褒章を受章。1957年には褒章受章を記念し、熊本で金栗記念第1回熊日招待マラソン（現在の熊日30キロロードレース）が開かれました。また、市民ランナーでつくる「熊本走ろう会」の初代名誉会長を務めるなど、マラソンのすそ野の拡大に奔走。1983年、92歳で息を引き取るまでスポーツの発展に努めました。金栗はマラソン文化の夜明けから、今日の市民マラソンブームの礎にいたるまで、一貫して日本スポーツの発展に生涯を捧げたといえます。

人見絹枝《ひとみきぬえ》

作中の「立花ひとみ」のモデルは、日本人女性で初の五輪メダリストとなった人見絹枝です。

人見は１９０７（明治40）年、岡山県の農家に生まれました。高等女学校に進みテニス、陸上などで活躍。二階堂体操塾（現・日本女子体育大学）を卒業して大阪毎日新聞社に入社し、記者として働きました。

１９２６年、当時19歳の人見は単身シベリア鉄道に乗り、スウェーデンのイエテボリに向かいました。当地で開かれた第2回国際女子競技大会に日本からただ一人出場するためです。この大会で人見は、得意の走り幅跳びで世界新を出して優勝。立ち幅跳びでも金メダルを獲得し、個人総合1位の輝かしい成績を残しました。

１９２８年、女子陸上の初参加が許されたアムステルダム五輪に、人見は日本選手団ただ一人の女性代表として出場します。しかし、彼女が得意の走り幅跳びは実施種目になく、優勝の望みをかけた１００メートルでは準決勝で落選。意を決した人見は、一度も走ったことのない８００メートルに挑み、銀メダルを獲得します。

人見はその後も国際大会で活躍しましたが、１９３１年8月2日、結核のため24歳の若さでこの世を去りました。くしくもその日は、彼女がアムステルダムで銀メダルに輝いた同じ日でした。

オリンピック陸上競技で女子選手のメダル獲得は、人見の銀メダルから64年後の１９９２年、バルセロナ五輪女子マラソンで有森裕子選手が銀を獲得するまでありませんでした。人見は日本女子スポーツの先駆けとして、その名を今日に残しています。

金栗四三氏年譜と関連年表

（註）・印は金栗年譜　☆うち特記事項　＊印は関連事項　年齢は数え年

1891年（明治24年）	8月13日	＊嘉納治五郎（当時35歳）第五高等中学校長（熊本）を拝命。
	8月20日	☆玉名郡春富村中林（三加和町→現和水町）で、父金栗信彦、母シエの8人の子ども（男4人、女4人）の7番目として出生。父信彦43歳で四三（シソウ）と命名。長兄は実次。
1901年（明治34年）10歳	4月	・玉名北高等小学校入学。往復12キロをいだてん通学。
1905年（明治38年）14歳	4月	・県立熊本中学玉名分校（明治39年から県立玉名中学）入学。
1906年（明治39年）15歳	4月	・学業優秀で特待生に推挙。
1910年（明治43年）19歳	4月10日	☆東京高等師範学校予科に入学。
1911年（明治44年）20歳	4月	☆東京高等師範本科へ進学。徒歩部入部。
		・春の校内長距離競走で初優勝。
	7月	＊嘉納治五郎がオリンピック参加の母体として東京帝大、東京高師、早稲田、慶応、一高などに呼びかけ、大日本体育協会を設立、自ら初代会長となる。
	11月19日	☆第5回オリンピック・ストックホルム大会に向けて日本初の国内予選会が東京羽田で開かれ、金栗が25マイル・マラソン（参加12人）に2時間32分45秒の大記録（当時の世界最高は2時間59分45秒）で優勝。

1912年（明治45・大正元年）21歳

3月	☆嘉納大日本体育協会会長から「オリンピック日本代表決定」の通告を受けるが「自分ごとき山猿が…」と固辞。嘉納会長から再三の代表受諾要請があり、「日本スポーツ界の黎明の鐘となれ」との説得に感動し初のオリンピック参加を決意。
5月16日	・午後6時30分、大森兵蔵監督、三島弥彦（東京帝大・短距離）、金栗四三らの日本選手団が新橋駅を出発。金栗は山高帽に紺の背広、水色のネクタイ。
6月2日	・日本選手団ストックホルム着。練習開始。
7月6日	☆第5回オリンピック・ストックホルム大会開会式。
7月14日	☆午後1時30分マラソン競技スタート。出場68人。金栗は暑さのために26〜27キロ付近で意識不明となり落伍。近くの農家ペトレ家で手当を受け、捜しにきた公使館駐在武官林中佐、留学中の東大友枝助教授に伴われて、近くの駅から直接、宿舎に帰る。
7月15日	☆「大敗後の朝を迎ふ。終生の遺憾のことで心うづく」の日誌を書く。
7月19日	・閉会式を待たず、ストックホルムを出発。デンマーク、ドイツ、イギリス、フランスなどの体育事情を視察。
7月30日	＊明治天皇崩御、大正と改元。
9月18日	・日本選手団、神戸港着。
12月	・1年3カ月ぶりに帰郷、遠征の詳細を報告。マラソン再起について母、兄の激励を受ける。

1913年（大正2年）22歳	4月	・徒歩部の室長になり、再起への猛練習と本格的な後輩の指導を開始。
	7月25日	・金栗提案の第1回富士登山競走開催。
	11月1日	☆第1回日本陸上競技選手権大会マラソンに2時間31分28秒の世界最高記録（非公認）で優勝。
1914年（大正3年）23歳	3月	☆東京高等師範卒業。
	4月10日	☆玉名郡小田村の池部家で、春野スヤと結婚式を挙げる。四三23歳、スヤ22歳。
	11月22日	☆第2回日本陸上競技選手権大会25マイル・マラソンに2時間19分30秒の驚異的な世界最高記録（非公認）で2連勝。
1916年（大正5年）25歳	1月	☆第6回オリンピック・ベルリン大会は第一次大戦のため中止決定。絶頂期にあった金栗は無念の涙を飲む。
1917年（大正6年）26歳	4月27日〜29日	☆『奠都50周年記念東海道五十三次駅伝競走』（日本最初の駅伝競走）を開催。
	7月	☆富士、御殿場の橋本屋で第1回の富士登山合宿練習会を開催（高地トレーニングの最初）。
1919年（大正8年）28歳	4月	・東京・大塚の『ハリマヤ』がゴム底の『金栗足袋』を発売。
1920年（大正9年）29歳	2月14日〜15日	☆第1回関東大学箱根駅伝競走を開催。
	4月	☆第7回オリンピック・アントワープ大会の国内予選で金栗優勝、二度目の日本代表に。

１９２０年（大正９年）29歳	８月14日	☆第７回オリンピック・アントワープ大会開幕。参加29カ国、２６０６人。
	８月22日	☆午後４時、マラソン競技スタート。参加40人。金栗は36キロを過ぎて脚を傷め16位、２時間48分45秒。
１９２１年（大正10年）30歳	１月	・東京女子師範に奉職。
	９月30日	☆第１回女子テニス大会開催。
１９２４年（大正13年）33歳	５月	・オリンピック・パリ大会国内予選マラソン（駒場〜調布往復）に２時間36分で優勝。３度目の五輪代表に。
	７月５日〜12日	☆第８回オリンピック・パリ大会開催。参加44カ国、３０９２人。 ☆最終日のマラソンは、33キロ付近で金栗が意識不明となり落伍、活動引退を決意。
１９３０年（昭和５年）39歳	４月	・嘉納らの強い勧めでお茶の水の東京女高師の講師就任。
１９３１年（昭和６年）40歳	７月	☆一家で玉名郡小田村の池部家に帰る。県内外の学校から校長への誘い相次ぐ。
	８月	・高師後輩で五高教官の栗本義彦と20日間の九州一周走破。
１９３６年（昭和11年）45歳	11月	＊ＩＯＣ、昭和15年の第12回オリンピックの東京開催を決定。
	12月	・嘉納治五郎から東京五輪準備のために上京要請。
１９３７年（昭和12年）46歳	４月	・大塚の東京十文字女学校に奉職、あわせて五輪準備活動に参加。
１９３８年（昭和13年）47歳	５月４日	＊ＩＯＣ総会の帰途、氷川丸船上で嘉納治五郎急死。

1938年（昭和13年）47歳	7月16日	＊日本政府、東京五輪組織委員会が東京オリンピックの開催返上を決定。
1944年（昭和19年）53歳	7月	・帝都空襲がひどくなり、家族を熊本・玉名に疎開させる。
1945年（昭和20年）54歳	8月15日	＊日本が無条件降伏。太平洋戦争終結。
	11月6日	＊銀座・交詢社に在京陸上人55人が集まり、日本陸上の再建懇談会。
1946年（昭和21年）55歳	4月1日	☆熊本県体育会発足。金栗が初代会長に就任。
	10月	＊第1回国民体育大会開催。
1947年（昭和22年）56歳	1月	＊箱根駅伝復活。
	4月1日	・金栗、熊本陸上競技協会会長に就任。
	12月5日	☆第1回金栗賞朝日マラソン（福岡国際マラソンの前身）熊本で開催。
1948年（昭和23年）57歳	10月5日	・初の熊本県教育委員の選挙に立候補、当選。
	11月1日	☆県教育委員会初代委員長に就任。
1950年（昭和25年）59歳	2月10日	・ボストン体育協会のブラウン会長にボストン・マラソンへの参加の可否を打診。
1951年（昭和26年）60歳	4月19日	＊第55回ボストン・マラソンに日本初参加。
1953年（昭和28年）62歳	4月19日	☆第57回ボストン・マラソン（金栗四三監督）で、山田敬蔵2時間18分51秒の世界最高記録で優勝。
1955年（昭和30年）64歳	11月3日	☆スポーツ人として初の紫綬褒章受章。

1957年（昭和32年）66歳	3月24日	☆金栗四三紫綬褒章受章記念第1回熊日招待マラソン（30キロ）開催。地元の兼行奠が1時間40分20秒で優勝。
	11月	☆熊本県近代文化功労者として表彰。
1961年（昭和36年）70歳	11月	・勲四等旭日双光章を受章。
1962年（昭和37年）71歳	12月	・玉名市名誉市民に。
1964年（昭和39年）73歳	10月10日〜24日	＊第18回オリンピック東京大会開催。
		・勲四等旭日小綬章受章。
1967年（昭和42年）76歳	3月21日	・スウェーデンオリンピック委員会主催の第5回ストックホルム大会55周年記念行事に招待され〝マラソン完走の要請〟に応える。〝夢の記録〟は、54年8カ月6日5時間32分20秒3。
1972年（昭和47年）81歳	1月	＊健康マラソン・熊本走ろう会（加地正隆会長）発足。金栗が初代〝名誉会長〟に。
	1月30日	＊日本最初の女子のみの駅伝熊本市陸協大会（現RKK女子駅伝）開催。
1983年（昭和58年）92歳	11月13日	☆金栗、熊本市地域医療センターで死去。

あとがき

合志マンガミュージアム館長　**橋本博**

２０１７年11月22日、私が館長をつとめる合志マンガミュージアムに熊本日日新聞社の編集局長と編集本部長が訪ねてこられた。

「熊日でマンガの連載を始めます。テーマは金栗四三物語。大河ドラマ『いだてん』の放送予定に合わせて、２０１８年４月から12月までの毎週土曜日、新聞紙面の３分の２を使って毎回６ページ、月24ページで９カ月間の連載をお願いできないでしょうか。年末には単行本も出します」。

これには驚いてしまった。「熊本で圧倒的なシェアを誇る地元紙が、毎週紙面をいっぱい使ってマンガの連載？　おまけに本まで出すとは…。何という無謀な、いや大胆な提案を、しかも編集局長直々にされるのか…」というのが正直な感想だった。

「２０１５年に橋本さんが原案を書かれた『カタルパの樹　合志義塾ものがたり』は、作画力、構成力が大変素晴らしいということで、熊日出版文化賞を受賞されましたね。あの作品、素晴らしかったです」。ここまで言われると、もう断れない。本来なら、とても身に余るお申し出である。それに個人的にも金栗さんとは不思議なご縁があるのだ。

私の父は玉名の出身で、その兄、つまり私の叔父にあたる橋本二郎は玉名市の初代市長だった。彼は市長在任中に、初となる名誉市民の称号を金栗さんに授与したことで知られている。巡り巡って、甥の私に、金栗さんの人生をマンガにする話がくるとは…。これも偶然ではなく必然だったのかもしれない。ありがたくお受けすることにした。

そこから具体的な打ち合わせが始まり、次のように方針を決めた。①原作は長谷川孝道氏(元熊日記者)の書いた『走れ25万キロ「マラソンの父」金栗四三伝』とするが、必ずしも原作本通りにマンガ化することを必要とするものではない　②生まれ故郷の玉名の話を、マンガではたっぷり盛り込む　③作画者は、若くてこれからが期待される人を探す—。

そこで、作画者は現在崇城大学芸術学部のマンガ表現コースで非常勤講師を務めている岩田紘典《ひろのり》氏に決めた。学生たちにも作画に関わるチャンスを与えることができるからだ。次にストーリーについて。マンガでは、いかに作品を面白いものにするかが問われる。今回は史実をベースにするが、あくまで創作部分が決め手になると考え、新聞社スタッフ、作画者と一緒に打ち合わせを重ねた。

「ストーリーに幅を持たせるために、実際には存在しない女性を登場させ、彼女を通した金栗の成長物語にしていく。ひたすら走り、誠実で純粋な心を失わず、ひたむきに生きることを教えてくれた魅力的な女性をストーリーの柱にする—」。ついに大まかなストーリーが決まった。

そこで、特に若い頃の金栗に焦点を当てることにした。走るために必要なことは、「基礎体力をつけること」「決して諦めないという気持ちを持つこと」、そして「ひたむきに練習を続けること」だと、言い続けた金栗。それは人生そのものにも言えることである。「体力、気力、努力」という、金栗三原則が生み出されたのは、この少年、青年時代があればこそであった。

彼の功績は、日本初のオリンピック選手であり、その後何度もオリンピックに挑戦し続けたということばかりではない。むしろその後の人生にこそ、学ぶことがある。そして、その原点は彼が過ごした玉名時代にあった—それをこのマンガで一番伝えようと思った。

これで金栗の青春時代の話は終わりだ。金栗の人生全体にも関心を持ってもらえたなら、ぜひ、原作本『走れ25万キロ「マラソンの父」金栗四三伝』(長谷川孝道著、熊日出版)を読んで「カナクリズム」を堪能してほしい。

KANAKURI《カナクリ》

日本初の五輪選手　金栗四三物語

平成30(2018)年12月22日　初版第1刷発行

原作　長谷川孝道『走れ二十五万キロ「マラソンの父」金栗四三伝　復刻版』
構成　橋本博
マンガ　岩田紘典・ＫＳプロ
企画　ＮＰＯクママン(熊本マンガミュージアムプロジェクト)

発行　熊本日日新聞社
制作・発売　熊日出版(熊日サービス開発株式会社 出版部)
〒860-0823　熊本県熊本市中央区世安町172
電話：096-361-3274　FAX：096-361-3249
https://www.kumanichi-sv.co.jp

装丁　臺信デザイン事務所
印刷　シモダ印刷株式会社

ISBN 978-4-87755-586-3 C0023